U0827919

阅读的力量：公共图书馆与全民阅读推广

袁　月　魏忠敏　蒙卫东◎著

黄河出版传媒集团
宁夏人民出版社

图书在版编目（CIP）数据

阅读的力量：公共图书馆与全民阅读推广/袁月，魏忠敏，蒙卫东著. --银川：宁夏人民出版社，2024.11. -- ISBN 978-7-227-08096-1

Ⅰ. G252. 17

中国国家版本馆 CIP 数据核字第 2025P2S770 号

阅读的力量：公共图书馆与全民阅读推广

YUEDU DE LILIANG：GONGGONG TUSHUGUAN YU QUANMIN YUEDU TUIGUANG

袁 月　魏忠敏　蒙卫东　著

责任编辑　贺飞雁
责任校对　刘建昌
封面设计　白白古拉其
责任印制　侯　俊

黄河出版传媒集团 宁夏人民出版社 出版发行

出 版 人　薛文斌
地　　址　宁夏银川市北京东路 139 号出版大厦（750001）
网　　址　http://www.yrpubm.com
网上书店　http://www.hh-book.com
电子信箱　nxrmcbs@126.com
邮购电话　0951-5052106
经　　销　全国新华书店
印刷装订　宁夏银报智能印刷科技有限公司
印刷委托书号　（宁）0031867

开本　710 mm×1000 mm　1/16
印张　13
字数　200 千字
版次　2024 年 11 月第 1 版
印次　2024 年 11 月第 1 次印刷
书号　ISBN 978-7-227-08096-1
定价　58.00 元

前　言

近年来，随着全球化进程和知识经济的快速发展，阅读作为社会进步的重要推动力量，其价值愈加受到重视。特别是在数字化和信息化技术迅速发展的当下，阅读方式和阅读需求都发生了显著变化。与此同时，公共图书馆作为全民阅读的重要平台，正面临新的机遇与挑战。为了促进国民素质的提升、实现社会文化进步，我国陆续出台了一系列促进全民阅读的政策。自 2014 年起，全国人大连续多年将“全民阅读”写入政府工作报告，并出台《全民阅读促进条例》、设立“全民阅读促进基金”，鼓励社会力量参与全民阅读推广。2020 年，中共中央提出“加快推进公共文化服务体系建设”，进一步明确了公共图书馆在全民阅读中的关键作用。在这样的政策背景下，研究公共图书馆如何在数字化时代下促进全民阅读，不仅具有理论意义，还为实际推广提供了政策支持与方向指引。

本研究具有多方面的意义，它将为公共图书馆的阅读推广提供系统的理论支持。现有文献中，虽然涉及公共图书馆的服务与职能、阅读行为理论等方面的研究，但对图书馆阅读推广模式与实际应用的综合分析仍然不足。本研究的理论框架将围绕公共图书馆的职能、全民阅读的概念以及阅读行为的心理学分析，结合数字化转型中阅读行为的变化，探索多维度的理论基础。本研究将通过分析国内外的阅读推广模式与成功案例，为我国公共图书馆提供有效的推广路径和借鉴经验，尤其是如何利用数字技术、社交媒体等新型传播方式来促进阅读兴趣。本研究还关注图书馆在包容性服务方面的实践，包括如何服务多元文化群体、弱势群体、不同年龄与性别群体等，通过对这些群体阅读需求的深入分析，以期推动公共图书馆服务的多样化和公平化。因此，本研究不仅具有重要的学术价值，还在公共文化服务实际操作层面上具有指导意义。

本研究的主要目的是探讨在全民阅读背景下，公共图书馆如何优化资源配置、创新推广模式，以实现更高的社会影响力。研究将分析公共图书馆在阅读推广中的历史演变和当前角色，剖析全民阅读与社会文化进步的关系，明确图书馆在此中的定位。研究将着眼于不同类型的阅读推广活动，重点探讨图书馆在数字化环境中如何通过资源整合、空间设计、服务创新等方式提升阅读体验，增强社会参与度。同时本研究将特别关注如何结合数字技术发展（如大数据分析、移动终端、虚拟现实等），拓宽阅读推广的渠道，实现线上线下融合的推广模式。研究将从文化多样性与包容性的角度出发，提出公共图书馆针对不同社会群体的服务策略，力求促进文化平等和社会包容性发展。研究还将分析政策保障、社会合作在阅读推广中的作用，旨在提出一套全面而科学的阅读推广机制和评价指标体系，为公共图书馆实现可持续性发展提供参考。

目　录

第一章　公共图书馆与全民阅读的理论基础

第一节　公共图书馆的历史演变

一、公共图书馆的起源

公共图书馆的起源可以追溯到古代的书院和私人图书馆，最早的图书馆主要服务于特定群体，如学者和贵族。随着社会的发展，知识的传播需求不断增长，公共图书馆的概念逐渐形成。19 世纪初，欧美地区开始出现由政府或社区资助的公共图书馆，标志着公共图书馆作为一种社会服务机构的兴起。这一转变不仅体现了民主思想的进步，还反映了对知识普及和文化传播的重视。

（一）早期图书馆的功能

在古代，图书馆主要是保存和传承文献的地方，通常集中在宫廷或学术等机构中。这些机构内的书籍多用于法律、科学等研究，其服务对象限于特定的社会阶层。随着文艺复兴和启蒙时代的到来，知识开始走向大众，越来越多的社区意识到图书馆对教育和文化传播的重要性，公共图书馆因此应运而生。早期的公共图书馆不仅为公众提供了阅读材料，还成为社区交流和学习的中心，促进了民众的文化素养和社会参与。通过举办讲座、读书会等活动，公共图书馆使人们在获取知识的同时增强了彼此之间的联系，成为社会发展的助推器。

公共图书馆的开放性和包容性逐渐得到重视，在当时许多公共图书馆开始提供免费服务，鼓励所有社会阶层的人民参与。这一举措不仅提升了图书馆的社会地位，还促使更多人认识到知识的重要性。与古代专属的图书馆相比，公共图书馆为各类读者提供了平等的获取信息的机会，尤其是对女性和低收入群体的教育

机会，促进了社会的公平与正义。(见表 1-1)

表 1-1　早期图书馆的功能和社会影响

分类	描述	影响
古代图书馆	集中在宫廷和学术等机构，主要保存和传承文献，服务对象限于特定社会阶层。	知识受限于法律和科学等研究，普通民众难以接触。
文艺复兴与启蒙时代	知识逐渐走向大众，社区意识到图书馆的教育和文化传播作用，推动了公共图书馆的发展。	公共图书馆成为社区交流和学习中心，提升了民众文化素养和社会参与。
公共图书馆功能	提供阅读材料、举办讲座和读书会等活动，促进知识获取和社会联系。	加强人们之间的联系，成为社会发展的推动力。
公共图书馆的开放性	提供免费服务，鼓励各阶层参与，尤其是对女性和低收入群体。	提升图书馆社会地位，促进知识普及，促进社会公平和正义。

(二) 公共图书馆的法律与制度保障

公共图书馆的快速发展离不开各国政府对文化事业的重视与投入。19 世纪末，许多国家制定了相关法律法规，确保公共图书馆的建设与运营。公共图书馆不仅成为国家教育政策的重要组成部分，还被视为提升国民素质和文化水平的关键措施。随着图书馆法的出台，公共图书馆的角色从单纯的书籍收藏者转变为知识传播者和文化守护者。这种法律保障使得公共图书馆能够在各类社会变革中保持其稳定性和发展潜力。

在这一制度框架下，公共图书馆的服务内容和功能不断扩展，涵盖了信息咨询、文化活动和社会服务等多个方面。随着技术的发展，图书馆逐渐融入数字资源和新媒体，拓宽了服务范围，为不同年龄层次和文化背景的读者提供个性化的服务。法律与制度的保障不仅为公共图书馆的可持续发展奠定了基础，还促进了社会对阅读和知识获取的重视，形成了良好的文化氛围。

(三) 公共图书馆的现代角色

在进入 21 世纪后，公共图书馆面临着数字化和全球化的挑战，迫切需要重新审视其社会角色。现代公共图书馆不仅是信息的存储和传播中心，还是社区文化活动的策划者和推动者。通过举办各类文化活动、读书推广和社会教育项目，公共图书馆努力在信息社会中发挥更为积极的作用。在这种背景下，公共图书馆的角色逐渐转变为社区的文化和教育中心，成为连接不同社会群体的重要纽带。

现代公共图书馆还致力于提升数字素养和信息获取能力。面对信息爆炸的时代，公共图书馆通过提供数字资源、培训课程和信息检索服务，帮助读者提高对信息的判断力和利用能力。这一变化不仅提升了图书馆的功能和服务水平，还更好地满足了公众在信息时代的需求，使公共图书馆在现代社会中仍然保持其重要的地位与作用。(见表 1-2)

表 1-2　现代公共图书馆的角色转变

角色类别	具体内容描述
信息存储与传播中心	继续发挥传统的书籍、资料存储和信息传播功能，满足公众对知识获取的基础需求。
社区文化活动策划者	通过举办文化活动、读书推广和社会教育项目，丰富社区文化生活，推动社区居民的文化参与。
社区文化和教育中心	成为社区的文化和教育中心，连接不同社会群体，促进社会成员之间的交流和互动。
数字素养提升平台	提供数字资源和培训课程，帮助读者提升信息获取、判断和利用能力，应对信息时代的挑战。
信息检索与支持服务	提供信息检索服务，帮助公众快速、有效地获取所需信息，支持多样化的知识需求。
社会纽带	作为不同社会群体的纽带，增进社会凝聚力，促进文化与教育资源的公平获取。

公共图书馆的起源和发展历程展现了其在知识传播和文化交流中的重要性。从古代的专属机构到现代的开放平台，公共图书馆始终以促进社会教育和文化进步为使命。通过法律制度的保障和现代化的转型，公共图书馆在全民阅读推广中发挥着不可替代的作用，为提升公众的文化素养和社会参与提供了有力支持。

二、现代公共图书馆的职能扩展

现代公共图书馆的职能经历了显著的扩展，已不仅限于传统的图书借阅和信息提供。随着社会需求的变化，公共图书馆逐渐演变为多功能的文化中心，承担起了更广泛的社会责任。这一转变源于对知识获取方式的变化、信息技术的发展以及社会文化环境的不断演变。现代公共图书馆在推动社区发展、促进终身学习以及支持信息素养教育等方面发挥着愈加重要的作用。

（一）促进社区发展

现代公共图书馆在促进社区发展方面发挥了关键作用。作为地方文化和教育的中心，公共图书馆通过开展各类社区活动，增强了居民之间的联系和归属感。通过举办文化活动、工作坊和讲座，公共图书馆吸引了不同背景的居民参与，提供了一个开放的交流平台。这种参与不仅增强了社区的凝聚力，还促进了多元文化的交流和理解，提升了社区的整体文化素养。

在城市化进程加快的背景下，公共图书馆还为社区提供了必要的资源和服务支持。许多公共图书馆与地方政府和非营利组织合作，开展社会服务项目，帮助弱势群体获得信息和教育机会。通过为青少年提供阅读和学习空间，公共图书馆促进了青少年的成长与发展，帮助他们提升学业表现并培养良好的阅读习惯。这样的职能扩展使得公共图书馆在现代社会中不仅仅是信息的提供者，还是社会发展的参与者和推动者。

（二）支持终身学习

终身学习的理念在现代社会中日益受到重视，公共图书馆在这一过程中扮演了重要角色。公共图书馆提供多样化的学习资源和机会，满足不同人群的学习需求。除了传统的书籍借阅外，现代公共图书馆还开设了在线课程、讲座和学习小组，帮助人们在职业和个人生活中不断进步。通过这些多样化的学习形式，公共图书馆不仅提升了人们的知识水平，还激励了公众的自我提升意识。

在技术迅速发展的背景下，公共图书馆还积极引入新技术，提供数字资源和信息素养培训。通过数字图书馆、电子书和在线数据库的建设，公共图书馆使人们能够随时随地访问丰富的学习材料。信息素养培训帮助公众提高对信息的辨识和使用能力，使他们能够在信息泛滥的时代中更有效地获取和利用知识。这些措

施不仅促进了个人成长，还为构建知识型社会奠定了基础。（见表 1-3）

表 1-3　公共图书馆支持终身学习的措施

支持方式	具体内容	目标和效果
提供多样化学习资源	书籍借阅、在线课程、讲座、学习小组。	满足不同人群学习需求，促进知识提升。
数字资源	数字图书馆、电子书、在线数据库。	随时随地访问丰富的学习材料。
信息素养培训	提高信息辨识和使用能力。	帮助公众有效获取和利用知识，适应信息时代。
激励自我提升	通过多样化学习形式提升公众意识。	激励公众在职业和个人生活中不断进步。
构建知识型社会	提供全面学习机会和素养提升。	为构建知识型社会奠定基础。

（三）推动信息素养教育

信息素养教育已成为现代公共图书馆的重要职能之一。随着信息技术的快速发展，获取和使用信息的能力变得越来越重要。公共图书馆通过开展信息素养培训，帮助读者掌握有效的信息检索和评估技能，提升其在数字时代的生存能力。这一教育活动不仅面向学生，还涵盖成人和老年人群体，以确保所有人都能享受到信息时代的红利。

公共图书馆还积极与学校和社区组织合作，开展针对性的教育项目。通过与学校的合作，图书馆提供的课程和工作坊帮助学生提高信息素养，培养批判性思维能力。这种跨机构的合作模式，不仅扩大了公共图书馆的影响力，还推动了信息素养教育的深入开展。通过这些努力，公共图书馆在信息社会中成为关键的教育支持者，推动了公民的信息获取和使用能力的提升。

现代公共图书馆的职能扩展使其在社会中发挥了多方面的作用，成为促进社区发展、支持终身学习和推动信息素养教育的重要机构。这种转变不仅满足了公众的多样化需求，还反映了社会对知识获取和文化传播的新期待。通过不断创新和适应，公共图书馆正日益成为现代社会中不可或缺的文化和教育中心。

三、公共图书馆的社会文化作用

公共图书馆在社会文化领域扮演着不可或缺的角色，超越了单纯的书籍借阅和信息提供的功能。随着社会的不断发展和文化需求的日益多样化，公共图书馆逐渐转变为促进文化交流、增强社会凝聚力和推动社区发展的重要平台。其社会文化作用不仅体现在提供知识资源上，还体现在促进社会参与、文化传承和提升公民素养等多个方面。在这样的背景下，公共图书馆的存在意义愈发重要，成为当代社会不可或缺的文化支柱。

（一）促进文化交流与传播

公共图书馆为不同文化背景的人们提供了交流和理解的机会，成为多元文化共存的重要场所。在全球化的背景下，公共图书馆通过丰富的馆藏和多样化的活动，向公众展示不同文化的价值和魅力。图书馆不仅收藏本土文学和艺术作品，还引入国际文献和外语书籍，鼓励读者接触和了解异域文化。通过举办文化节、艺术展览和读书会等活动，公共图书馆吸引不同群体参与，促进了各文化之间的对话与理解，增强了社会的包容性和多样性。这种文化传播不仅提升了公众的文化素养，还推动了社会的和谐发展。

公共图书馆还在推动文化教育方面发挥着积极作用，图书馆通过组织各类教育讲座和培训，向公众普及文化知识，提升他们的文化素养。这些活动不仅为人们提供了获取知识的机会，还帮助他们培养批判性思维和创造力。在这个过程中，公共图书馆不仅是知识的传播者，还是文化的守护者与推动者，为社会文化的繁荣发展贡献了力量。这种多层面的文化作用，使公共图书馆成为社会教育与文化建设的重要场域。（见表 1-4）

表 1-4　公共图书馆促进文化交流与传播的作用

作用	描述
文化交流平台	提供不同文化背景的人们交流和理解的机会，成为多元文化共存的重要场所。
丰富的馆藏	收藏本土文学和艺术作品，引入国际文献和外语书籍，鼓励读者接触异域文化。

续表

作用	描述
多样化的活动	通过文化节、艺术展览和读书会等活动，吸引不同群体参与，促进文化对话与理解。
提升文化素养	组织教育讲座和培训，向公众普及文化知识，帮助人们培养批判性思维和创造力。
社会和谐发展	促进社会包容性和多样性，为社会文化的繁荣发展贡献力量。
文化守护者与推动者	不仅是知识的传播者，还是文化的守护者与推动者，为社会文化建设提供支持。

（二）增强社会凝聚力

公共图书馆作为社区的重要组成部分，通过提供共同的学习和活动空间，增强了居民的社会凝聚力。在这里各类人群能够聚集在一起，分享彼此的经验和观点，促进相互理解。图书馆的开放性和包容性使其成为不同年龄、背景和社会阶层的人们交流的理想场所。通过组织社区活动、亲子阅读和志愿者服务，公共图书馆为居民提供了参与社区建设的机会，增强了他们的归属感和参与感。这样的互动不仅推动了社区的团结与合作，还提升了居民对公共图书馆的认同与支持。

这种增强的社会凝聚力体现在公共图书馆对地方文化认同的促进上。通过展示本地历史和文化资源，公共图书馆既帮助居民理解和认同自己所处的社区，又使居民增强了对地方文化的自豪感。同时公共图书馆鼓励读者参与到文化活动中，如举办本土作家的签售会、地方艺术作品展览等，进一步促进了社区的文化参与和认同感。这种积极的文化氛围，不仅使公共图书馆成为知识的殿堂，还是社会团结的纽带。

（三）推动公民素养提升

公共图书馆在提升公民素养方面发挥了重要作用，通过提供丰富的学习资源和信息，图书馆为公众提供了获取知识和技能的机会，使其在信息化时代具备必要的素养。现代社会对公民的知识和能力要求越来越高，公共图书馆通过信息素养培训、数字技能课程等帮助人们适应社会变化，提升自我发展能力。这种教育模式不仅关注知识的传授，还强调对信息的有效利用与批判性思考能力的培养，推动了社会整体素质的提高。

公共图书馆的这一职能扩展还与社会的技术进步密切相关。随着信息技术的迅速发展，公共图书馆积极引入数字资源和在线服务，为公众提供更便捷的知识获取方式。电子书、数据库和在线课程等新兴资源，使得读者可以在任何时间和地点访问知识，拓宽了学习的广度和深度。同时公共图书馆还通过开展各类讲座和活动，提升公众对新技术的认识和应用能力，进一步增强了公民在现代社会中的竞争力。这种推动公民素养的努力，使公共图书馆在现代社会中成为促进个人成长和社会进步的重要力量。

公共图书馆的社会文化作用是多方面的，涵盖了文化交流、社会凝聚力以及公民素养的提升。作为社会的文化支柱，公共图书馆在促进知识传播与文化理解方面发挥着不可替代的作用。随着社会的不断变化，公共图书馆的职能将继续扩展，成为推动社会和谐与发展的重要力量。

四、公共图书馆在数字化时代的转型

数字化时代的到来，深刻改变了公共图书馆的运营模式和服务方式。面对信息技术的迅速发展，公共图书馆不仅需要更新其馆藏和服务内容，还需重新思考自身在信息传播和文化教育中的角色。数字化技术的应用使得图书馆能够打破传统的空间和时间限制，提供更加灵活和多样化的服务。通过数字化转型，公共图书馆得以在激烈的信息竞争中保持活力，增强其在促进全民阅读和文化传播中的重要作用。在这一转型过程中，图书馆不仅是知识的储存地，还是智慧的传播者和文化的引领者，承担着更为重要的社会责任。

（一）数字资源的整合与共享

数字化时代，公共图书馆积极推进数字资源的整合与共享，构建起多层次的数字图书馆体系。通过将传统纸质图书数字化，公共图书馆能够为读者提供丰富的在线资源，包括电子书、期刊、音频和视频资料等。这种资源整合既提高了信息的可获取性，又满足了不同用户群体的多样化需求。数字图书馆平台的建立，使得用户无论身处何地，都可以方便地访问到丰富的知识资源，实现了阅读的无缝连接。这样一来，公共图书馆能够真正发挥其公共服务的职能，让更多人参与到阅读和学习中来，推动文化的传播与交流。

在此过程中，公共图书馆还积极探索与其他机构的合作，以实现资源的互通共享。可以与高校、科研机构和文化组织建立合作关系，共同开发数字资源和在线学习平台，形成合力，共同服务于公众的阅读需求。这种跨界合作，不仅增强了公共图书馆的资源优势，还提升了其在社会文化生活中的影响力。通过整合和共享资源，公共图书馆有效拓展了服务范围，为推动全民阅读提供了强有力的支持。更重要的是，这种合作模式也促进了资源的高效利用，避免了重复建设，实现了文化资源的最大化。(见表1-5)

表1-5　公共图书馆数字资源的整合与共享的作用

作用	描述
数字资源整合	推动纸质书籍数字化，提供电子书、期刊、音频和视频等在线资源，提高信息的可获取性。
数字图书馆体系建立	构建多层次的数字图书馆平台，用户可随时随地访问资源，实现阅读的无缝连接。
满足多样化需求	数字资源的丰富性满足了不同用户群体的阅读和学习需求，推动文化传播与交流。
跨机构合作	与高校、科研机构、文化组织等合作，共同开发数字资源和在线学习平台，增强资源共享与互通。
服务范围拓展	通过资源整合与共享，公共图书馆的服务范围得到有效拓展，支持全民阅读。
资源高效利用	避免重复建设，实现文化资源的最大化利用，提升了公共图书馆在社会文化生活中的影响力。

（二）信息素养教育的强化

数字化转型带来的信息爆炸，要求公众具备更高的信息素养。公共图书馆在这一背景下，积极开展信息素养教育，为读者提供必要的技能培训。通过举办讲座、研讨会和在线课程，图书馆帮助用户提升查找、评估和利用信息的能力。这种教育不仅针对学生和研究人员，同样面向各类社会群体，帮助他们适应信息化时代的挑战，提高其自我学习和终身学习的能力。

信息素养的强化不仅提升了个体的知识水平，还促进了社会整体的信息文化建设。公共图书馆通过引导用户掌握信息检索技巧，增强批判性思维，帮助他们在海量信息中辨别真伪和优劣，从而培养理性的信息消费习惯。这种教育模式的创新，充分体现了公共图书馆在推动社会信息化进程中的责任和担当，为读者的个人发展和社会参与打下了坚实的基础。

（三）服务创新与用户体验提升

在数字化转型过程中，公共图书馆不断探索服务创新，以提高用户体验。通过引入智能化设备和技术，图书馆能够提供更加个性化的服务。智能书架、在线咨询系统和自助借还书设备等新技术的应用，使得用户在借阅和获取信息时更加便捷高效。同时图书馆还注重用户反馈，持续优化服务流程，以满足不断变化的用户需求。

为了增强用户参与感，许多公共图书馆还通过社交媒体和数字平台与读者互动，分享阅读推荐和文化活动信息。通过组织线上线下结合的读书活动、文化讲座和社区参与项目，图书馆提升了公众的参与度，激发了人们对阅读和文化活动的热情。这种服务创新既丰富了图书馆的功能，又增强了其在社区中的凝聚力，推动了全民阅读的深入开展。

数字化时代的转型为公共图书馆带来了前所未有的机遇与挑战，通过资源整合、信息素养教育和服务创新，公共图书馆在新的社会文化环境中重新定义了自身的角色。这种转型既提升了图书馆的服务质量，又增强了其在全民阅读推广中的积极作用。未来公共图书馆将继续发挥其独特的社会文化功能，助力知识的传播和文化的繁荣发展。

第二节　全民阅读的概念与内涵

一、全民阅读的定义

全民阅读作为一种广泛的社会文化现象，旨在促进整个社会的阅读氛围和文化素养。其核心在于让每一个人都能平等地获取阅读资源，无论年龄、性别、职业或社会地位。全民阅读不仅限于书籍的阅读，还包括报刊、电子文献、音频和视频等多种形式的阅读行为。通过推动全民阅读，社会能够提升人们的综合素质，促进文化的传播与交流，进而为社会的可持续发展奠定基础。

（一）全民阅读的核心要素

全民阅读的核心要素包括阅读的广泛性、可及性和参与性。广泛性体现在阅读活动涵盖的群体及内容，目标是让所有人都能在不同的场合和环境中参与阅读。可及性则强调每个人都能够方便地获取阅读材料，无论是在公共图书馆、学校、社区还是网络平台，优质的阅读资源都应当易于获得。这种便利性不仅关乎物质资源的丰富，还关乎信息的公平获取，确保每一个人都能平等享受阅读带来的益处。

参与性是全民阅读的重要维度，强调每个人在阅读活动中的主动性和积极性。通过社区活动、阅读推广项目和文化节等形式，鼓励公众积极参与，提升其对阅读的兴趣和热情。这种参与不仅有助于个人的成长与发展，还能增强社会的凝聚力和文化认同感。全民阅读的实施需要社会各界的共同努力，政府、学校、图书馆和社区组织应当携手合作，营造良好的阅读环境，使全民阅读成为一种自发的社会风尚。

（二）全民阅读的社会意义

全民阅读的社会意义深远，体现在提升公民素养、促进社会和谐以及推动经济发展等多个方面。通过推广阅读，能够有效提升个体的文化素养和科学素养，帮助人们拓宽视野、增强思维能力和创造力。这不仅有助于个人的成长和发展，还为社会培养了一批具有高素质和高技能的人才，推动社会的进步与繁荣。

同时全民阅读还有助于增强社会的凝聚力与向心力。在共同的阅读体验中，公众能够增进相互理解和沟通，形成共同的文化认同。尤其是在多元文化交融的社会环境中，通过阅读可以促进不同群体之间的交流与融合，减少隔阂与冲突。全民阅读不仅是文化的传播，还是社会和谐的重要途径。

经济发展方面，全民阅读促进了知识经济的形成。随着人们阅读水平的提高，社会整体的创新能力和竞争力将显著增强。知识的积累和传播为经济的可持续发展提供了动力，推动各个行业的进步与变革。

（三）全民阅读的国际经验

国际上，许多国家和地区已经在全民阅读的推广上积累了丰富的经验。北欧国家在公共图书馆的建设与阅读推广方面走在前列，通过全民阅读项目提升国民的文化素养和社会参与度。这些国家强调图书馆的开放性与服务的多样性，通过提供各种形式的阅读材料和丰富的文化活动，激发公众的阅读兴趣。

在日本，阅读推广活动颇具成效，政府与民间组织共同努力，通过各种渠道和平台推动全民阅读。这种合作模式使得资源得以有效整合，实现了社会各界共同参与、共同受益的局面。这样的国际经验为其他国家和地区在实施全民阅读时提供了有益的借鉴和启示，尤其是在如何建立有效的阅读推广机制、如何激励公众参与等方面。

全民阅读作为一种社会文化运动，关乎每个人的生活与发展。通过明确其定义及核心要素，强调阅读的广泛性、可及性与参与性，全民阅读不仅提升了个体的文化素养，还促进了社会的和谐与经济的发展。借鉴国际经验，结合本土实际，全面推动全民阅读的实现，必将为构建一个知识型、创新型的社会奠定坚实的基础。

二、全民阅读的社会价值

全民阅读作为一种促进社会进步和文化繁荣的重要活动，具有深远的社会价值。通过推广阅读，可以提升国民的文化素养，增强社会的凝聚力和创新能力，推动经济发展和社会和谐。阅读不仅是个人成长的途径，还是集体进步的重要基础。它为个体提供了获取知识的方式，构建了人与人之间的联系，并在社会中形成一种共享的文化氛围。随着信息技术的发展，阅读的形式不断丰富，为全民阅读注入了新的活力，使其在现代社会中变得愈发重要。

（一）提升国民文化素养

全民阅读直接影响国民的文化素养和科学素质，一个国家的竞争力在于其公民的知识水平和创新能力，阅读在这一过程中扮演着至关重要的角色。通过阅读，各类知识得以传播，思维方式和价值观念得以更新，从而形成良好的社会氛围。教育是国民素养提升的关键，而阅读作为教育的重要组成部分有助于培养独立思考和批判性分析的能力，促进人们对社会和自身的深入理解。积极的阅读习惯能够提升语言表达能力和逻辑思维能力，使个人在职场中更加游刃有余。阅读既拓宽了视野，又培养了人们的审美能力和人文关怀，从而在复杂的社会环境中形成积极的人生态度。

同时阅读也是获取专业知识和技能的重要手段，尤其在技术迅速发展的当下，持续学习的能力尤为关键。阅读专业书籍、研究文献，可以使个人在职场上保持竞争力，适应市场变化。公共图书馆作为知识的存储和传播中心，提供丰富的阅读资源，为各类读者提供终身学习的机会，促进全民素质的全面提升。因此，广泛的阅读活动不仅提升了个体的文化素养，还推动了整个社会的文明进步，形成了良好的社会风气。

（二）增强社会凝聚力

全民阅读能够促进社会的团结与和谐，增强不同群体之间的理解与交流。在一个多元化的社会中，各种文化和价值观的碰撞不可避免，而阅读则为不同观点的沟通提供了桥梁。通过共享书籍和阅读体验，人们能够在思想上产生共鸣，减少误解和冲突。同时公共图书馆作为阅读推广的核心场所，可以举办各类阅读活动，汇聚不同背景的读者，增强社区凝聚力。这样的互动不仅丰富了人们的社交生活，还促进了不同文化之间的包容与尊重。

阅读活动如读书会、作者见面会、故事分享会等，不仅提供了交流的平台，还为参与者创造了共同的体验，深化了彼此间的联系。这样的活动能激发居民的参与意识和责任感，形成良好的社会氛围。在图书馆中，读者们通过讨论和分享，不同的观点和思考被碰撞出火花，增进了对彼此文化背景的理解。这样的文化交流能够有效消弭隔阂，增进社会的凝聚力和认同感，从而为社会的和谐发展奠定基础。

（三）推动经济发展与社会创新

全民阅读在推动经济发展和社会创新方面也发挥着重要作用。阅读既是知识获取的途径，又是创新思维和技术进步的源泉。在信息爆炸的时代，具有广泛阅读习惯的个体往往能更好地适应快速变化的环境，积极参与到经济活动中。阅读促进了知识的积累与传播，增强了创新能力，使得人们在面对挑战时具备更强的应对能力。

通过阅读，个体能够获取新思想、新方法，激发创造力，从而推动科技和社会的发展。在企业中，鼓励员工阅读和分享知识，不仅能够提升团队的整体素质，还能促进跨部门的协作与创新。与此同时公共图书馆通过整合多种资源，搭建平台，提供创新实践的空间，助力创业和产业发展。通过各类阅读推广活动，图书馆不仅提高了公民的知识水平，还为地区经济的繁荣注入了新的活力。因此，全民阅读不仅是文化传播的方式，还是推动经济增长和社会创新的重要力量。

全民阅读的推广在现代社会中具有不可忽视的社会价值。通过提升国民文化素养、增强社会凝聚力和推动经济发展，全民阅读为国家的长远发展奠定了坚实基础。公共图书馆在这一过程中起着不可替代的作用，既为读者提供丰富的阅读资源，又通过各类活动促进了文化的交流与传播。随着社会的不断进步和技术的发展，促进全民阅读的工作仍需不断创新，以适应新形势下的需求，推动整个社会向更高水平的发展迈进。

三、全民阅读与社会文化进步的关系

全民阅读作为一种文化现象，承载着社会进步的希望。它不仅是个人获取知识的重要途径，还是促进社会文化发展的强大动力。在快速变化的时代背景下，阅读的普及使得文化的传承与创新得以并行，推动了社会的多元化和包容性。通过全民阅读，个体能够更深入地理解社会、历史和人性，从而形成更加开阔的视野，促进社会的全面进步。

（一）促进文化传播与交流

全民阅读为文化传播提供了广泛的平台，丰富了社会的文化生态。在一个多元文化的社会中，不同的思想、信仰和艺术形式需要找到相互交流的途径。通过阅读，各种文化得以传播与融合，形成新的文化语境。这一过程不仅包括传统文化的保护与传承，还涵盖了对新兴文化的吸纳与创新。公共图书馆作为文化传播的核心场所，承担着推动不同文化交流的责任。它不仅提供各类书籍，还组织文化活动，使不同背景的读者能够分享阅读体验，进而增进理解和尊重。通过阅读，不同群体之间的隔阂得以消除，社会的整体文化水平得以提升，最终形成一个更加和谐的社会。

阅读还激发了个人的创造力与批判性思维，接触不同的文化作品，有助于拓展思维边界，使人们能够从多元视角看待问题。这种多样性不仅丰富了个体的文化体验，还为社会的文化创新提供了源源不断的动力。在这一过程中，公共图书馆通过策划读书会、文学讲座和艺术展览等活动，鼓励读者参与文化讨论，激发创新思维，推动文化的进一步发展。

（二）推动社会价值观的形成与发展

全民阅读在社会价值观的形成与发展中发挥着不可或缺的作用。通过阅读，个体能够接触到丰富的人生观、价值观和世界观，促进对社会问题的思考。书籍中的故事、思想和哲理激发了人们对美好生活的向往和对社会正义的追求。在这个过程中，阅读不仅提升了个人的道德修养，还塑造了社会的共同价值观。公共图书馆提供的多元阅读资源，为不同年龄、职业和背景的人们提供了接触这些思想的机会，从而推动社会的价值观更新。

同时阅读有助于提升公民意识与社会责任感，通过了解历史、社会问题和文化背景，个体能够更深刻地理解社会的运作与发展，从而增强参与社会事务的积极性。这种意识的增强，使得人们在面对社会挑战时能够更主动地贡献自己的力量。因此，全民阅读不仅促进了个人的成长，还推动了整个社会的进步，使得价值观的形成与社会的和谐发展相辅相成。

（三）促进科学素养与理性思维的提升

全民阅读对提升社会科学素养与理性思维起到了积极的推动作用。在科技迅速发展的时代，科学知识的普及变得尤为重要。阅读是获取科学知识的途径，也是培养科学思维的重要方式。通过接触科学类书籍和文献，个体能够更好地理解科学原理、技术应用及其在生活中的重要性。公共图书馆通过丰富的科学资源与活动，为读者提供了学习科学知识的环境，促进了科学素养的提升。

与此同时，阅读能够培养个体的理性思维与批判性分析能力。在信息泛滥的今天，具备分析和判断信息的能力至关重要。通过阅读，读者能够学会独立思考，辨别真伪，并形成自己的观点。这种能力不仅对个人发展至关重要，还为社会的理性讨论提供了基础。随着公共图书馆逐渐成为知识共享和学习交流的中心，其在提升社会科学素养与理性思维方面的作用愈发显著，推动了社会的理性进步与全面发展。

全民阅读与社会文化进步之间存在着深刻的内在联系，通过促进文化传播与交流、推动社会价值观的形成与发展，以及提升科学素养与理性思维，全民阅读为社会的持续发展注入了强大动力。公共图书馆在这一过程中不仅扮演着资源提供者的角色，还是文化交流与社会进步的引领者。推动全民阅读，既是提升个体素质的重要途径，又是实现社会和谐与进步的关键。

四、全民阅读的国际经验借鉴

在全球化日益加深的背景下，各国在全民阅读推广方面积累了丰富的经验。这些经验不仅反映了不同国家文化和社会的特点，还为其他国家提供了可借鉴的模式与方法。通过对这些成功案例的分析，可以更好地理解全民阅读的意义以及如何在不同文化环境中实施有效的阅读推广策略。国际经验的借鉴将为构建和谐社会、提升国民素养以及推动文化发展提供重要参考。

（一）北欧国家的全民阅读推广模式

北欧国家如瑞典、挪威和芬兰，在全民阅读的推广方面取得了显著成效。这些国家的公共图书馆数量众多，而且功能多样化，致力于满足不同人群的阅读需求。以芬兰为例，图书馆在社区中扮演着重要角色，提供丰富的阅读资源和多样化的文化活动。通过图书馆的合作，学校、家庭和社会组织共同参与阅读推广活动，形成了一个良好的阅读生态。

芬兰的阅读推广不仅仅局限于书籍的借阅，还包括各类阅读活动的组织，如读书节、作者见面会和家庭阅读活动等。这种多样化的活动形式使阅读成为一种生活方式，增强了社区的文化氛围。同时图书馆工作人员通过培训提升专业素养，以便更好地为读者提供服务和指导。北欧国家的成功经验表明，公共图书馆的功能与社会各界的合作，能够有效地促进全民阅读的普及和深化。

（二）东亚国家的阅读推广策略

东亚国家如日本和韩国在全民阅读推广方面也积累了独特的经验。日本的阅读文化深厚，国家通过政策引导和社会组织的努力，积极推动全民阅读。公共图书馆在这一过程中起到桥梁作用，不仅提供传统纸质书籍，还引入数字资源，满足不同读者的需求。特别是在青少年阅读推广方面，通过学校与图书馆的合作，开展多种形式的阅读活动，有效提升了青少年的阅读兴趣与习惯。

韩国则通过全国性的阅读运动，鼓励各年龄层的公民参与阅读。在这一运动中，政府部门和社会组织联合开展多项阅读推广活动，提升国民的文化素养和社会责任感。同时韩国重视阅读数据的收集与分析，以此为基础制定针对性的推广策略。这种基于数据的精准化推广，使得全民阅读的效果更加显著。东亚国家的实践表明，政策引导与社会参与的结合，可以有效提升全民阅读的普及率和影响力。

（三）英语国家的数字阅读推广

在英语国家，特别是美国和英国，数字阅读的推广成为重要趋势。随着互联网的发展，数字图书馆和在线阅读平台的兴起，为读者提供了便捷地获取信息的渠道。美国的公共图书馆积极响应数字化时代的挑战，通过建立在线图书馆和数字资源平台，使读者能够随时随地获取阅读材料。同时图书馆还提供数字素养培训，帮助读者更好地利用这些资源。

英国的阅读推广则更加注重社区参与文化活动的结合。通过与学校、社区组织合作，开展各类主题阅读活动，鼓励不同年龄段的人们参与到阅读中来。这些活动不仅包括传统的读书活动，还融入了现代技术元素，如利用社交媒体平台进行阅读推广，吸引年轻读者的关注。英语国家的经验表明，数字化阅读的推广与传统阅读的结合，可以有效拓展阅读的边界，提升全民阅读的参与度和影响力。

通过对国际经验的借鉴，可以看到全民阅读推广在不同文化背景下的多样性和灵活性。北欧国家的社区合作模式、东亚国家的政策引导以及英语国家的数字化发展，各具特色，为推动全民阅读提供了丰富的启示。这些经验不仅为提升国民文化素养和促进社会进步提供了方法，还为未来阅读推广的探索指明了方向。借鉴国际成功经验，结合本国的实际情况，必将为实现全民阅读的目标创造更加广阔的空间。

第三节　公共图书馆与全民阅读的互动关系

一、公共图书馆在全民阅读中的作用

公共图书馆作为知识的宝库和文化的中心，在全民阅读推广中扮演着至关重要的角色。通过提供丰富的阅读资源、开展多样化的活动以及促进社区文化交流，公共图书馆提升了民众的阅读兴趣，有效促进了社会的文化发展。图书馆不仅是借阅书籍的场所，还是阅读文化传播和社区互动的重要平台。理解公共图书馆在全民阅读中的作用，有助于进一步优化图书馆的服务功能，实现全民阅读的目标。

（一）提供多样化的阅读资源

公共图书馆通过丰富的馆藏资源，为读者提供多样化的阅读选择。书籍、期刊、电子资源、音频书籍等不同形式的资源，满足了不同年龄段和兴趣群体的需

求。图书馆的馆藏不仅包括文学、科学、历史等经典书籍，还持续更新最新出版的图书，确保读者能够获取到最新的信息与知识。为了更好地适应现代读者的需求，许多公共图书馆还在不断探索引入新兴的阅读形式，如漫画、图画书和图文并茂的科普读物，这些形式能够吸引更多年轻读者的注意。

同时图书馆还积极引入数字化资源，创建在线阅读平台和电子书库，使得读者能够随时随地访问丰富的阅读材料。这种无障碍的阅读方式大大便利了忙碌的现代人，打破了时间和空间的限制，使得更多人能够参与到阅读中来。通过这些多样化的资源，公共图书馆有效降低了读者获取知识的门槛，鼓励更多的人参与到阅读中，进而促进全民阅读的广泛开展。在这个过程中，图书馆的策划和组织能力尤为重要，能够通过主题书展、推荐书单等形式，引导读者发现新书，激发阅读热情。

（二）开展丰富的阅读推广活动

公共图书馆积极开展各类阅读推广活动，以增强社区居民的阅读意识。这些活动不仅包括读书会、作家签售会和阅读节，还包括针对儿童和青少年的阅读推广活动，通过寓教于乐的形式提升他们的阅读兴趣。这些活动通常结合当地的文化特色与节日庆典，设计出具有地方风情的阅读体验，使活动更具吸引力。比如针对传统节日的特别活动，不仅能够促进阅读，还能增强文化认同感，使读者在享受阅读的同时感受到本土文化的魅力。

通过这些活动，图书馆能够吸引更多的读者走进馆内，增加与社区居民的互动。这种互动不仅限于读者和图书馆之间，还包括读者与读者之间的交流。阅读活动往往提供一个共享的平台，读者在活动中分享彼此的读书心得，建立起共同的文化记忆。这种社交功能使得图书馆不仅仅是一个获取信息的场所，而是一个培养文化归属感和社会联系的社区中心。图书馆还积极与学校、企业和非营利组织合作，共同举办大型阅读推广活动，形成全社会共同参与的良好局面，进一步推动全民阅读的深入开展。

（三）促进社区文化交流与发展

公共图书馆作为社区文化交流的重要平台，促进了居民之间的互动与合作。

通过举办多样的文化活动，如电影放映、讲座和工作坊等，图书馆为社区居民提供了丰富的文化体验。这些活动既丰富了居民的业余生活，又提升了社区的整体文化氛围。在这样的环境中，居民能够更容易地接触到不同的文化，拓宽视野，从而形成一个开放与包容的社区文化。

公共图书馆在促进文化交流的同时还承担着社会责任，通过各类公益活动关心弱势群体。在社区中，图书馆可以提供专门的阅读服务，帮助阅读能力较弱的群体，如老年人、残疾人和低收入家庭等。这种服务不仅为他们提供了知识的获取途径，还增强了他们的自信心和参与感。通过为不同背景的居民提供平等的阅读机会，公共图书馆有助于消除社会阶层之间的隔阂，促进社会的和谐与稳定。

公共图书馆在全民阅读推广中的作用不可或缺，通过提供丰富的阅读资源、开展多样的阅读活动和促进社区文化交流，图书馆既提升了公众的阅读兴趣，又为社会的文化发展做出了积极贡献。在全民阅读的过程中，公共图书馆作为文化传播的核心，承担着促进社会文化进步的重要责任。继续深化图书馆的功能与服务，将更有效地推动全民阅读的实现，助力社会的全面发展。

二、图书馆资源与阅读推广的匹配度

公共图书馆在全民阅读推广中，资源的配置和使用效率至关重要。图书馆的资源不仅包括传统纸质书籍，还涵盖电子书、期刊、视听材料等多种形式。在不同社会背景和读者需求下，图书馆需要不断调整资源的匹配度，以确保能够有效支持阅读推广活动。资源的有效利用不仅能提升图书馆的服务质量，还能更好地满足公众的阅读需求，进而推动全民阅读的深入发展。

（一）了解读者需求与资源配置的关系

公共图书馆的资源配置应充分考虑读者的需求和偏好，通过调研和数据分析，图书馆能够更好地了解社区居民的阅读习惯、兴趣领域以及年龄分布，从而制定针对性的资源配置策略。满足不同读者群体的需求，意味着图书馆需要在馆藏中增加多样性，涵盖各类题材和形式，以便为不同兴趣的读者提供丰富的选择。

在此过程中，图书馆不仅要关注流行书籍的引进，还应注重经典文献和专业书籍的保存与推广。通过定期更新馆藏、引入最新出版的书籍及数字资源，图书馆能够保持其资源的活力和相关性。同时图书馆可以通过主题书展、读者推荐和书籍讨论等形式，提高资源的利用率，使读者更容易接触到感兴趣的内容。这种精准的资源配置和推广策略，能够有效提高读者的参与度，增强阅读的普及性。

（二）促进图书馆资源与社区需求的对接

图书馆的资源与社区需求之间的有效对接是推动阅读推广的重要因素。通过与社区组织、学校和文化机构的合作，图书馆能够更好地了解当地文化背景和居民的实际需求。这种合作不仅能够丰富图书馆的资源类型，还能促进多方信息的共享与交流。图书馆可以与学校联合开展读书活动，将教育与阅读推广有机结合，吸引更多年轻读者参与。

为了实现这一目标，图书馆应建立开放的反馈机制，鼓励读者提出意见和建议，以便及时调整和优化资源配置。在满足社区需求的同时图书馆还应关注如何提升资源的使用效率，通过开展多样化的阅读活动，让读者充分体验到图书馆资源的价值。这种积极的互动关系将为社区文化的建设注入新的活力，同时也提升了图书馆的社会影响力。

（三）技术在资源匹配中的作用

现代科技的发展为图书馆资源与阅读推广的匹配提供了新的机遇。通过数字化转型，图书馆能够利用数据分析工具对读者的行为进行监测，深入挖掘其阅读习惯和需求。这种数据驱动的决策模式，可以帮助图书馆在资源采购、活动策划等方面做出更为科学的选择。在线阅读平台和移动应用的普及，使得图书馆能够提供个性化的推荐服务，提高资源的使用率。

技术还可以使图书馆的推广活动更加灵活和便捷，通过社交媒体和电子邮件等方式，图书馆能够迅速传达活动信息，吸引更多读者参与。虚拟读书会和在线讨论组等新形式，打破了传统阅读活动的时间和空间限制，使更多人能够方便地参与。这些技术手段不仅提升了资源的利用效率，还增强了图书馆与读者之间的互动，推动了全民阅读的持续发展。

公共图书馆在全民阅读推广中发挥着不可或缺的作用，而资源的匹配度则是实现这一目标的关键。通过深入了解读者需求、促进资源与社区的对接，以及利用现代技术，图书馆能够更有效地配置资源，提升服务质量。随着阅读推广活动的不断深化，公共图书馆的作用将更加突出，为推动全民阅读做出更大贡献。

三、阅读推广中的服务创新与应用

在信息技术飞速发展的背景下，公共图书馆面临着前所未有的挑战与机遇。传统的服务模式已无法完全满足现代读者的多样化需求，因而服务创新成为推动阅读推广的重要手段。通过创新服务，图书馆不仅能够提升用户体验，还能有效吸引更多的读者参与到阅读中来。服务创新涵盖了数字化服务、个性化推荐、社区合作等多个方面，通过多元化的服务形式，图书馆能够更好地促进全民阅读的实现。

（一）数字化服务的升级

数字化服务的推广为公共图书馆的阅读推广带来了新的机遇。许多图书馆正在积极建立在线平台，提供电子书、在线数据库、数字期刊等多种资源，使读者能够在任何时间、任何地点进行阅读。通过这些数字化服务，图书馆打破了传统借阅的时空限制，满足了现代人对便捷、高效的阅读需求。

除了提供数字资源，许多图书馆还开发了各类移动应用程序，方便读者进行在线借阅、预约和查询。这种技术应用不仅提升了用户体验，还能通过数据分析了解读者的偏好，从而优化资源配置和推广策略。通过分析用户的借阅历史和搜索记录，图书馆可以提供个性化的书籍推荐，帮助读者发现更多感兴趣的内容。在线阅读社区和社交功能的引入，让读者能够互相交流阅读心得，形成良好的互动氛围，进一步推动阅读的深入开展。

在此基础上，数字化服务还可以与社交媒体平台相结合，促进阅读活动的传播和影响力。图书馆可以通过社交媒体发布阅读活动信息，吸引更多的参与者。同时读者在社交平台上分享的阅读体验和书评，能够为其他读者提供参考，进一步激发阅读热情。这种线上线下结合的方式，不仅扩展了图书馆的影响范围，还为传统阅读方式注入了新的活力。

（二）个性化服务的实施

公共图书馆在阅读推广中越来越注重个性化服务的实施，针对不同年龄、职业和兴趣的读者，图书馆可以设计个性化的阅读计划和活动。为儿童和青少年推出针对性的阅读活动，如“故事会”“亲子阅读”等，能够吸引家长和孩子共同参与，增强家庭的阅读氛围。同时针对成人读者，可以推出书籍讨论小组、主题阅读活动等，以满足他们对专业书籍和文学作品的深度需求。

图书馆个性化服务的实施不仅限于活动的设计，还可以通过读者咨询服务，提供专业的阅读建议。在此过程中，图书馆工作人员需要具备丰富的书籍知识和敏锐的观察力，以了解读者的需求变化。通过定期收集反馈，图书馆可以不断调整和优化服务内容，确保其始终贴合读者的兴趣。图书馆还可以运用技术手段，建立用户档案，记录每位读者的借阅历史和偏好，进而提供更为精准的个性化推荐服务。这种以读者为中心的服务模式，既提升了用户体验，又有助于形成长期的读者忠诚度。

（三）社区合作与共建共享

在阅读推广的过程中，公共图书馆与社区的合作显得尤为重要。通过与学校、文化组织和社区团体的合作，图书馆可以共同策划和实施阅读推广活动。这种合作不仅能够扩展活动的参与范围，还能整合各方资源，实现共赢。与学校合作开展阅读竞赛、书展和作者讲座等活动，不仅能提高学生的阅读兴趣，还能够让家长参与其中，营造良好的家庭阅读氛围。

图书馆还可以与当地企业和社会组织合作，开发特色阅读项目。通过赞助和支持，企业可以参与到阅读活动中，提供奖励或资源支持，促进更多人参与阅读。这种共建共享的模式，能够形成良好的社区文化氛围，推动社会整体的阅读风气。通过积极参与社区活动，图书馆既提升了自身的影响力，又增强了与社区居民的联系，形成了良性循环。最终这种创新的服务模式不仅能吸引更多的读者参与阅读，还能为社区的文化发展贡献力量。

公共图书馆在全民阅读推广中，通过数字化服务的升级、个性化服务的实施以及与社区的合作，展现了强大的服务创新能力。这些创新不仅提升了图书馆的服务水平和读者体验，还为推动全民阅读提供了有力支持。通过不断探索和实践，公共图书馆能够更好地适应时代的发展需求，为建设书香社会贡献更大的力量。

四、公共图书馆阅读推广的影响力评估

公共图书馆在推动全民阅读方面发挥着至关重要的作用，评估其阅读推广的影响力显得尤为重要。有效的评估不仅可以帮助图书馆了解自身的推广效果，还能为今后的服务改进提供有价值的参考。影响力的评估可以从多个维度进行，包括读者参与度、社区文化氛围的提升和社会认知的改变等。通过系统的评估机制，图书馆能够更准确地掌握阅读推广的成效，从而更好地规划未来的发展策略。

（一）读者参与度的分析

评估公共图书馆阅读推广影响力的重要指标之一是读者参与度。通过统计借阅人数、参与活动的读者数量及读者反馈等数据，可以全面了解阅读推广的实际效果。较高的参与度通常意味着图书馆的推广活动得到了积极的响应和认可，显示出阅读的吸引力。读者参与度的提升反映了图书馆在社区中的影响力，定期开展的阅读活动如读书会、分享会和主题讲座，能够吸引更多读者的积极参与，从而形成良好的阅读氛围。调查问卷、访谈和在线反馈等方式可以帮助图书馆收集读者的意见和建议，为未来活动的策划提供依据。针对不同年龄段和兴趣群体的定制化活动，更能有效提升参与率，形成阅读的良性循环。评估参与度的过程还应考虑阅读习惯的变化。通过对参与活动前后读者借阅量的对比分析，可以更直观地反映推广活动的成效。这种纵向的比较分析不仅能够显示阅读量的增加，还能揭示出读者的阅读习惯是否发生了积极变化，为图书馆的进一步推广策略提供数据支撑。

（二）社区文化氛围的提升

公共图书馆的阅读推广不仅关乎个人的阅读行为，还对社区的文化氛围产生深远影响。阅读活动的开展往往伴随着社区的文化建设，能够有效提升居民的文化素养和认同感。通过分析社区内的文化活动数量、居民参与文化活动的频率，以及居民对文化活动的满意度，可以评估图书馆对社区文化氛围的贡献。

通过定期举办读书节、文化周等活动，图书馆能够成为社区文化的中心，吸引不同背景的居民参与其中。这样的活动不仅丰富了社区的文化生活，还增强了邻里之间的交流与互动，促进了社区的凝聚力。同时通过开展多元化的文化活动，图书馆能够帮助居民接触到不同的文化和思想，拓宽视野，提升文化认同。

评估社区文化氛围的变化可以通过定量与定性结合的方式进行。居民的文化参与度调查、社区满意度调查等都能够提供有力的数据支持。同时进行深度访谈或焦点小组讨论，能够更好地捕捉居民对阅读推广的感受和看法，从而深入理解图书馆在社区文化建设中的角色和影响。

（三）社会认知的改变

公共图书馆在阅读推广中所产生的影响还体现在社会对阅读和图书馆的认知上。通过评估社会对阅读重要性的认识、对公共图书馆角色的理解，可以了解阅读推广的长远影响。调研社会各界对阅读的看法及对公共图书馆功能的认知，能够为评估其影响力提供重要依据。

随着图书馆服务的多样化和阅读活动的普及，越来越多的人开始认识到阅读对个人成长、社会进步的重要性。通过在社区内外开展阅读推广活动，图书馆不仅在推广书籍的阅读，还在传播阅读的价值观。这种认知的改变往往会导致社会对公共图书馆的支持度提升，进一步推动资源和服务的优化。评估社会认知的改变，可以通过实施问卷调查和公众讨论会等方式，收集不同群体对阅读和图书馆的看法。同时观察媒体对阅读推广活动的报道和公众反响，也能够提供关于社会认知变化的参考。这种多维度的评估方式，有助于全面理解公共图书馆在全民阅读推广中所发挥的深远影响。

公共图书馆在全民阅读推广中的影响力评估是对自身服务效果的检验，更是推动未来发展的重要依据。通过深入分析读者参与度、社区文化氛围和社会认知的变化，图书馆能够更好地理解其在阅读推广中的角色和作用。这些评估结果不仅为图书馆提供了改进服务的方向，还为相关政策的制定和实施提供了数据支持。通过持续的评估和优化，公共图书馆将更有效地推动全民阅读的深入发展。

第四节　阅读行为与阅读习惯的理论分析

一、阅读行为的心理学基础

阅读行为的形成与发展深受心理学的影响，人类的心理特征、认知过程和情感反应在阅读活动中起着关键作用。通过理解阅读行为的心理学基础，可以深入分析个体在阅读过程中所经历的认知、情感和动机等多个层面。这种分析不仅为图书馆的阅读推广活动提供了理论支持，还为改善读者的阅读体验、提升阅读兴趣提供了实践指导。

（一）阅读动机与认知需求

阅读动机是影响个体选择阅读材料和阅读时间的重要因素。人们选择阅读的原因各异，通常可以归纳为知识获取、娱乐消遣、社交需求和自我提升等多个方面。认知心理学指出，个体在选择阅读内容时，会考虑其对信息的需求、个人兴趣以及所期望的情感体验。通过满足不同读者的诉求，公共图书馆可以更有效地推广阅读活动。

在实际操作中，图书馆应通过提供多样化的阅读资源来激发读者的兴趣。针对青少年读者，可以引入科幻、青春文学等题材，提升他们的阅读动机。同时图书馆可以通过举办主题阅读活动，结合相关的知识讲座或互动讨论，增强读者对阅读的认同感。这种针对性的策略不仅能够促进阅读行为的形成，还能够培养读者的终身阅读习惯。阅读动机的变化同样值得关注，在信息技术迅速发展的时代，数字化阅读的兴起改变了传统阅读行为。许多读者倾向于通过电子书、在线文章等形式获取信息。理解这些变化，有助于图书馆更好地适应读者的需求，调整资源配置和服务方式。

（二）情感与阅读体验的关系

情感在阅读行为中扮演着重要的角色，研究表明，情感状态不仅影响个体的注意力和记忆力，还能直接影响阅读体验的质量。在阅读过程中，情感反应与内容的匹配度、个体的背景和期望密切相关。通过分析不同读者的情感需求，公共图书馆能够设计出更符合读者心理的阅读活动。

针对喜欢文学作品的读者，图书馆可以组织经典文学的朗读会，创造沉浸式的阅读体验，让读者在情感共鸣中深化对文本的理解。同时图书馆也可以利用多媒体工具，结合音乐、视频等元素，提升阅读活动的吸引力，增加读者的情感投入。这种情感驱动的阅读体验，有助于培养读者对书籍的热爱和忠诚度。在评估情感对阅读行为的影响时，图书馆可以通过调查问卷和读者反馈等方式收集信息，了解哪些活动最能引发读者的共鸣。这种反馈机制不仅有助于优化阅读推广策略，还能增强读者的参与感和归属感，从而促进更多人参与到阅读中来。

（三）社会认同与群体影响

阅读行为受到社会环境和群体影响的显著影响，个体的阅读选择和习惯往往受到家庭、朋友及社会文化的影响。社会认同理论指出，个体在阅读选择中会考虑他人的看法和评价，这种社会认同感对阅读行为有着重要的引导作用。通过营造良好的阅读氛围，公共图书馆能够积极促进这一认同感，从而激励更多人参与到阅读中。

在实践中，图书馆可以通过举办社区读书会、阅读马拉松等活动，鼓励人们共同参与阅读。这种群体活动不仅增强了社交互动，还为读者提供了分享和讨论的机会，从而提升阅读的乐趣和意义。通过观察和参与他人的阅读行为，个体更容易形成自己的阅读习惯和偏好，从而增强整体的阅读文化氛围。社会认同的建立同样需要图书馆与当地文化机构和学校的合作，通过共同推广阅读活动，形成广泛的阅读宣传网络。这种合作不仅能够扩大影响力，还能够让不同群体在阅读中找到共鸣，进一步促进全民阅读的实现。

阅读行为的心理学基础为理解个体在阅读过程中的动机、情感和社会影响提供了理论支持。通过深入分析这些因素，公共图书馆能够更好地设计和实施阅读推广活动，满足读者的多样化需求。关注动机、情感和社会认同的变化，有助于提升阅读的吸引力，为形成良好的阅读习惯奠定基础。推动全民阅读的目标，需要图书馆在服务创新和资源配置上不断优化，以实现更广泛的社会文化影响。

二、阅读习惯的形成过程

阅读习惯的形成是一个复杂而长期的过程，受到个体心理、社会环境和文化背景等多种因素的影响。习惯的养成需要时间和不断地重复，尤其是在早期阶段，外部环境和个人动机对阅读习惯的影响尤为显著。通过深入探讨阅读习惯的形成过程，可以为图书馆的阅读推广提供实证依据，帮助更好地设计相关活动，促进公众的阅读兴趣和行为。

（一）早期接触与环境影响

阅读习惯的形成通常始于早期接触、家庭环境和教育背景在其中发挥着重要作用。儿童时期的阅读经历对其未来的阅读行为有着深远影响，家庭中父母的阅读习惯、所提供的书籍以及共同阅读的时光，都是培养儿童阅读兴趣的关键因素。当父母积极参与并创造良好的阅读氛围时，儿童在日后形成稳定的阅读习惯。

学校教育同样对阅读习惯的形成起着至关重要的作用。教师的引导和学校图书馆的资源提供，为学生创造了良好的阅读环境。在学校中，丰富多样的阅读活动、阅读评比和书籍推荐，能够有效激发学生的阅读热情，并逐步培养其阅读习惯。通过组织阅读分享会、邀请作者讲座等形式，学校可以让学生体验到阅读的乐趣，从而加深他们的阅读参与感。

在社会环境方面，社区的阅读氛围和公共图书馆的活动也会对个体的阅读习惯产生影响。社区举办的读书会、书展和亲子阅读活动，能够为居民提供更多的阅读机会，激励他们养成定期阅读的习惯。

（二）个体动机与自我效能感

个体的阅读动机与自我效能感是影响阅读习惯形成的关键因素。阅读动机包括内在动机和外在动机，前者是个体对阅读本身的兴趣和热爱，后者则与社会期望、他人评价等因素相关。研究显示，内在动机对长期的阅读习惯形成更为重要。当个体在阅读中获得乐趣和满足感时，其持续参与的可能性显著增加。

自我效能感，即个体对自己完成特定任务能力的信心，也在阅读习惯的形成中起着重要作用。高自我效能感的读者更愿意投入时间和精力进行阅读，因为他们相信自己的阅读能力能够帮助他们理解和享受书籍。通过阅读技能的提高和对复杂文本的逐步适应，个体的自我效能感不断增强，从而形成稳定的阅读习惯。

图书馆在这方面可以通过提供不同难度的阅读材料和个性化的阅读推荐，帮助读者逐步提升阅读能力。通过设立读者导师或阅读伙伴制度，让有经验的读者指导初学者，不仅能增强个体的信心，还能促进阅读习惯的建立。

（三）持续地反馈与社会支持

阅读习惯的形成与持续的反馈和社会支持密切相关，个体在阅读过程中，获得的反馈能够帮助他们调整阅读策略和目标。通过读书报告、书评和参与讨论，读者能够得到来自他人的认可与评价，这种社会互动能极大增强他们的阅读动机。同时来自家庭、学校和社会的支持也对阅读习惯的持续性产生积极影响。建立良好的家庭阅读环境，鼓励家庭成员之间分享阅读体验，有助于形成共同的阅读文化。在学校中，教师的支持和同伴的影响也是推动学生持续阅读的重要因素。公共图书馆的阅读活动和资源共享能够进一步强化这一支持网络。

为了增强阅读习惯的持续性，图书馆可以开展定期的读者反馈活动，收集读者的意见和建议，及时调整服务和活动内容。通过多样化的互动形式，如线上线下的读书分享和书籍推荐，图书馆能够不断激励读者的参与和反馈，促进阅读习惯的长期养成。

阅读习惯的形成是一个多层次、多维度的过程，涉及早期的接触、个体动机以及社会支持等多个方面。理解这一过程，有助于公共图书馆在阅读推广中制定更为有效的策略。通过创造良好的阅读环境、提供个性化的支持和反馈，图书馆能够激励更多的读者参与到阅读中来，从而推动全民阅读的深入发展。

三、数字时代阅读行为的变化

数字时代的到来，深刻改变了人们的阅读行为和阅读习惯。传统的纸质书籍逐渐被电子书、在线文章和社交媒体平台所替代，信息的获取方式发生了显著变化。数字阅读不仅改变了人们的阅读内容和形式，还影响了阅读的时间、地点及习惯。了解这些变化对于图书馆在推广阅读、优化服务和吸引读者参与具有重要的指导意义。通过对数字时代阅读行为变化的深入分析，可以识别出影响阅读习惯的关键因素，进而为图书馆的发展提供有效的建议。

（一）信息获取的多样化

数字时代使得信息获取的方式变得多样化，读者不再局限于传统的纸质书籍，网络资源的丰富性使得各类信息触手可及。电子书、在线数据库、社交媒体和博客等新兴平台，为读者提供了大量的阅读选择，满足了不同读者群体的需求。人们可以根据个人兴趣，通过搜索引擎快速找到相关的信息和材料。

这种信息获取方式的变化带来了阅读习惯的转变，许多读者倾向于快速浏览而非深入阅读，常常选择短小精悍的内容进行消费。这种习惯的形成与网络信息的特性密切相关，快速更新和即时反馈的特性使得读者更倾向于简短、易消化的信息。这一现象虽然在一定程度上满足了现代人快节奏生活的需求，导致对深度阅读的忽视，影响读者的思考能力和知识积累。同时数字化内容的普及使得多人共享的阅读方式成为可能。在线讨论组、社交媒体平台上的阅读分享，以及在线书评的增加，使得阅读变成了一种社交活动，读者之间的互动性大大增强。这种社交属性的提升，有助于读者在相互交流中拓宽阅读视野，培养更加积极的阅读态度。

（二）阅读习惯的碎片化

数字时代还导致了阅读习惯的碎片化现象，受限于信息的丰富性和多样性，许多人在阅读时难以集中注意力，容易受到外部刺激的干扰。社交媒体的即时性、通知的频繁出现，常常使得读者在阅读过程中分心，难以长时间专注于某一文本。这样的习惯不仅影响了阅读的深度和质量，还使得读者在知识吸收和思考上的效率降低。

在这种背景下，许多图书馆和教育机构开始关注如何帮助读者重新建立专注和深度阅读的习惯。一些图书馆推出了“静谧空间”或“深度阅读计划”，鼓励读者在阅读时远离电子设备，创造一个有利于思考和沉浸的环境。通过举办读书会和小组讨论，促进读者之间的交流与互动，也能够在一定程度上提高阅读的专注度和深度。碎片化阅读的现象在年轻一代中尤为明显，许多年轻人更倾向于通过短视频、社交媒体等快速消费信息的方式，而非静下心来阅读长篇文章或书籍。因此，图书馆需要积极探索适合年轻读者的阅读推广方式，引导他们逐步恢复对长文本的兴趣，从而培养良好的阅读习惯。

（三）数字技术的应用与阅读体验

数字技术的进步不仅改变了阅读的内容和方式，还深刻影响了阅读体验。通过增强现实（AR）、虚拟现实（VR）等技术，数字阅读的沉浸感得到了提升，读者能够更直观地体验到书中描绘的世界。这种新兴技术的应用，为读者提供了前所未有的互动体验，使阅读变得更加生动和有趣。

与此同时数字技术还使得个性化推荐成为可能，许多在线平台根据读者的历史行为和偏好，智能推荐相关的书籍和文章，从而提升了阅读的针对性和有效性。这种个性化服务不仅提高了读者的阅读兴趣，还促进了他们的长期参与。然而数字技术的使用也带来了新的挑战。过度依赖数字平台导致读者对传统纸质书籍的疏远，进而影响阅读的深度和情感连接。因此，图书馆在推广数字阅读的同时应当兼顾纸质阅读，促进两者的融合与互补。通过提供多样的阅读体验，图书馆能够吸引更广泛的读者群体，满足不同读者的需求。

数字时代的到来深刻影响了阅读行为的各个方面，从信息获取的多样化到阅读习惯的碎片化，再到数字技术的应用与阅读体验的提升。了解这些变化不仅为公共图书馆的服务改进提供了理论基础，还为推动全民阅读的实现提供了重要的实践指导。通过有效利用数字技术、优化阅读环境、鼓励深度阅读，公共图书馆能够更好地适应现代读者的需求，推动全民阅读的蓬勃发展。

四、促进阅读习惯的图书馆策略

公共图书馆在推动阅读习惯形成与发展的过程中扮演着关键角色。通过多样化的策略和创新的服务模式，图书馆不仅可以提升读者的阅读兴趣，还能有效促进良好阅读习惯的养成。在数字化和信息化迅速发展的今天，图书馆的策略需要更加灵活和多元，以适应不同读者的需求和阅读行为的变化。理解并实施这些策略，对于实现全民阅读的目标具有重要意义。

（一）创建丰富多样的阅读活动

丰富多样的阅读活动是促进阅读习惯的重要策略。图书馆应积极组织各种形式的阅读推广活动，包括读书会、主题讲座、作家签售会、亲子阅读活动等。这些活动不仅能够吸引读者参与，还能创造出积极的阅读氛围。通过与读者的互动，活动可以激发他们的阅读热情，使其更加愿意主动选择阅读。

针对不同年龄段和群体的特定需求，图书馆可以设计个性化的活动方案。为儿童提供富有趣味性的故事会，鼓励家长与孩子共同参与，从而培养家庭阅读的习惯；为青少年设置以热门书籍为主题的讨论会，提升他们的参与感和归属感。这种有针对性的活动设计，有助于在不同群体中形成良好的阅读习惯。图书馆还应结合时事热点和社会文化主题，开展相关的阅读活动，吸引更广泛的公众参与。在某一特定节日或纪念日，图书馆可以组织与该主题相关的阅读和讨论活动，提升阅读的社会意义和文化价值。通过这样的活动，图书馆能够有效引导公众关注特定的社会议题，促进社区的文化交流。

（二）优化图书馆环境与资源配置

图书馆环境和资源的优化配置是促进阅读习惯形成的另一重要策略，一个舒适、便利的阅读环境能够显著提升读者的阅读体验。图书馆应设计开放、舒适的阅读空间，提供适宜的阅读设施，如舒适的座椅、充足的自然光和安静的阅读区域。

这些元素能够吸引读者在图书馆内长时间阅读，促进他们形成良好的阅读习惯。

在资源配置方面，图书馆需要不断更新和丰富馆藏，以满足不同读者的需求。特别是在数字化时代，提供电子书、在线数据库和其他数字资源显得尤为重要。通过整合传统与数字资源，图书馆能够为读者提供更加多样化的选择。同时图书馆还应定期进行读者调查，了解其需求变化，从而及时调整馆藏和服务。图书馆还可以通过创建主题书架、推荐书单和专题展览等形式，鼓励读者主动探索和阅读相关书籍。这样的策略不仅可以帮助读者发现更多感兴趣的书籍，还能提升他们的阅读频率。通过这些优化措施，图书馆能够在提升阅读体验的同时逐步培养读者的阅读习惯。

（三）利用数字技术增强阅读体验

数字技术的发展为图书馆提供了创新的机会，可以有效促进阅读习惯的养成。图书馆可以利用数字平台和应用程序，提供个性化的阅读推荐、在线借阅和电子书下载等服务。这种便利性使得读者能够随时随地获取阅读材料，极大地提升了阅读的灵活性和可达性。

同时数字技术也为图书馆提供了丰富的互动和参与机制，图书馆可以通过社交媒体平台和在线论坛，创建阅读讨论组，让读者分享自己的阅读体验和推荐书籍。通过这种互动，读者不仅能获得他人的阅读建议，还能激发自己的阅读兴趣。这种社交化的阅读体验，有助于增强阅读的吸引力，促进良好习惯的形成。

图书馆还可以引入数据分析技术，追踪读者的阅读行为和偏好，提供更加个性化的服务。通过了解读者的借阅历史和使用习惯，图书馆可以主动推荐相关书籍和活动，增强读者的参与感和满意度。这种数据驱动的策略，能够有效提升图书馆的服务质量，促进读者对阅读的持续关注和参与。

促进阅读习惯的图书馆策略涵盖了丰富多样的活动组织、优化的环境与资源配置以及数字技术的灵活运用。通过这些策略，图书馆能够在吸引更多读者参与的同时提升他们的阅读体验和兴趣。在信息化时代，图书馆的角色不仅是资源的提供者，还是阅读推广的重要推动者。通过不断创新和改进，图书馆将在全民阅读的进程中发挥更为重要的作用。

第二章　公共图书馆阅读推广的模式与实践

第一节　阅读推广活动的类型与特征

一、线下阅读活动的组织模式

新媒体技术的迅猛发展为旅游行业带来了前所未有的机遇，通过新媒体，旅游企业能够实现更高效的营销、更生动的用户体验，以及更便捷的信息传播。线下新媒体活动的组织模式在这一背景下应运而生，其本质在于将数字技术与传统旅游推广活动相结合，以提升参与感和互动性。对于旅游行业而言，这种模式不仅丰富了活动形式，还能有效吸引目标用户，增强品牌影响力。

（一）整合线上线下资源

新媒体的特点在于其高度的互动性和即时性，这使得线下活动可以通过线上渠道进行有效宣传和动员。通过社交媒体平台，旅游企业能够迅速传播活动信息，吸引更多参与者。线上平台也为线下活动提供了丰富的用户反馈数据，从而帮助企业实时调整活动策略。通过整合线上线下资源，旅游企业能够提高活动的知名度和参与度。

整合线上线下资源的关键在于内容的统一与传播的协调，旅游企业需要设计一套完整的活动方案，包括线上预热、线下体验和后续跟进。在活动前期，利用社交媒体发布吸引人的宣传内容，结合短视频、直播等形式，吸引目标用户的注意力。在活动期间，通过现场互动和实时分享，增强参与者的体验感。同时在活动结束后，通过线上平台收集反馈，展示活动成果，以提升品牌忠诚度和客户

黏性。(见表 2-1)

表 2-1 线上线下资源整合策略

阶段	具体策略	内容形式	目标
活动前期	社交媒体宣传与预热	宣传内容、短视频、直播	吸引目标用户
活动期间	现场互动与实时分享	实时分享、用户互动	增强体验感
活动结束后	反馈收集与成果展示	用户反馈、活动成果展示	提升品牌忠诚度与客户黏性

(二) 增强参与感与互动性

线下新媒体活动的一个重要特征是增强参与者的体验感和互动性。通过使用 AR、VR 等新兴技术，旅游企业可以为参与者提供身临其境的体验，提升活动的吸引力。在一个目的地推广活动中，参与者可以通过 VR 设备，提前感受目的地的美景，激发他们的旅游欲望。这种新形式的互动不仅让参与者加大投入，还使得品牌印象更加深刻。

为了有效提升参与感，旅游企业可以设置多样化的互动环节，如现场抽奖、互动游戏等。通过这些环节，参与者不仅能获得乐趣，还能在活动中建立对品牌的认同感和好感度。有效的互动不仅能提升活动的活跃度，还为旅游企业提供了更多与用户沟通的机会，从而深入了解目标用户的需求和偏好。

(三) 多样化的传播渠道

在新媒体时代，传播渠道的多样化为线下活动提供了更多选择。除了传统的宣传方式，旅游企业可以通过微博、微信、抖音等社交平台进行多角度的宣传。利用不同平台的特性，企业可以实现精准营销，将信息传递给特定受众。同时通过 KOL 合作，企业能够借助影响力推广活动，提高知名度。

对于旅游行业而言，精准的目标受众定位至关重要。在活动宣传阶段，通过数据分析，企业可以识别潜在客户群体，并制定相应的营销策略。线上平台的反馈机制使得企业能够及时了解市场反应，迅速调整策略，最大化地提高活动的有效性。(见表 2-2)

表 2-2　旅游企业多样化传播渠道分析

传播渠道	特点	目标受众定位	KOL 合作	数据分析	反馈机制
微博	快速传播，互动性强	年轻人、时尚消费者	提高活动知名度	识别潜在客户群体	实时市场反应反馈
微信	私密性高，社群传播	家庭游客、商务人士	影响力推广活动	制定精准营销策略	快速调整策略
抖音	短视频展示，视觉冲击力强	年轻人、潮流文化爱好者	吸引目标受众	数据驱动的活动策划	提升活动有效性
传统宣传方式	覆盖面广，但互动性差	广泛受众	影响力较小	不适用	较慢的反馈

线下新媒体活动的组织模式不仅为旅游行业带来了创新的推广方式，还为品牌与消费者之间架起了一座沟通的桥梁。整合线上线下资源、增强参与感与互动性以及多样化的传播渠道，构成了线下新媒体活动的核心特征。通过这些新模式，旅游企业能够有效提升品牌影响力，增强用户忠诚度，推动行业的可持续发展。在未来的发展中，深入挖掘新媒体的潜力，将为旅游行业开辟更广阔的市场空间。

二、线上阅读活动的扩展与创新

线上新媒体活动在旅游行业中的应用日益普及，已成为推动行业发展的重要力量。随着社交媒体、移动应用和数字内容平台的兴起，旅游企业能够以更灵活、高效的方式进行品牌推广和用户互动。通过创新的线上活动，企业不仅能够吸引目标客户，还能通过丰富的互动形式提升用户体验，进而增强品牌忠诚度和市场竞争力。这一部分将探讨线上新媒体活动的特点和发展趋势，分析其在旅游行业中的应用和创新。

（一）社交媒体营销的广泛应用

社交媒体平台成为旅游企业进行线上活动的重要阵地，具有广泛的受众基础和强大的互动能力。利用平台的特性，旅游企业可以通过创意内容和多样化形式来吸引用户的关注。短视频、直播、图文分享等多样化的内容形式为品牌宣传提供了新的可能性，能够有效提升品牌的曝光度。通过社交媒体的互动功能，用户可以直接参与到活动中，分享自己的旅游经历，从而形成良性的口碑传播。

在实际操作中，社交媒体营销的成功需要围绕用户的兴趣点展开。旅游企业可以通过数据分析工具，深入挖掘受众的兴趣和行为习惯，从而制定更具针对性的推广策略。针对年轻用户群体，可以通过 Instagram、TikTok 等平台发布视觉效果强烈的内容，而面向中老年用户则可通过微信公众号提供详细的旅游攻略和信息。在此过程中，企业需要密切关注用户的反馈，及时调整内容方向，以确保营销效果的最大化。

有效的社交媒体营销不仅仅依赖于内容的创意，还需结合精准的时间发布策略。在不同时间段发布内容，可以有效提升用户的参与率。旅游企业还可以利用节假日、特定活动或重大新闻事件进行内容的及时更新和传播，使品牌保持活跃度。

（二）线上活动的互动性与参与感

线上新媒体活动的一个显著特点是互动性强，能够增强用户的参与感。通过在线问答、抽奖活动、投票和评论等方式，用户不仅可以接收信息，还能积极参与其中。这样的互动不仅能提升用户的体验感，还能够增加品牌与用户之间的情感连接，进而提升用户对品牌的认同感。

在设计互动环节时，旅游企业需要考虑用户的需求与心理，确保活动具有吸引力。设置实时的投票活动，让用户选择他们感兴趣的旅游目的地或活动类型，这样可以有效提升用户的参与度和归属感。定期开展用户分享活动，鼓励用户展示他们的旅行经历与感受，形成社区互动，不仅能提高用户的参与感，还能增加品牌的可信度。

为了确保互动的有效性，企业需要精心设计活动环节，确保用户在参与过程中感受到乐趣和价值。通过实时反馈和奖励机制，用户会更愿意参与到活动中。同时通过收集用户反馈，企业能够不断优化活动内容和形式，增强后续活动的吸引力。这样的良性互动关系有助于建立用户社区，形成持续的品牌关注度，从而为旅游企业创造长期的市场价值。

（三）数字内容创新的推动作用

数字内容的创新是线上新媒体活动成功的关键因素，通过多媒体技术，旅游企业能够创造出引人入胜的故事，吸引用户的目光。虚拟现实（VR）、增强现实（AR）等技术的应用，让用户在未出行之前就能够体验目的地的魅力，从而激发他们的旅游欲望。精美的图片、动人的视频和生动的文字能够有效传达目的地的特色，增强用户的购买意愿。

内容创新不仅关乎技术的应用，还包括创意的不断更新。企业需要定期推出新内容，以保持用户的兴趣。通过策划线上摄影比赛，鼓励用户上传他们的旅行照片，优秀作品不仅能够获得奖品，还能在企业的平台上展示，这样既提升了用户的参与度，又为企业创造了丰富的用户生成内容（UGC）。同时利用短视频平台，通过动态呈现旅游目的地的美景和独特文化，能够更加直观地吸引潜在客户的关注。

在内容创作方面，旅游企业需要关注用户的反馈和需求，不断调整内容策略，以确保信息的相关性和吸引力。创新的内容不仅能够提升活动的质量，还能增强用户的记忆点，促进分享和传播。通过用户生成内容（UGC），企业能够让用户参与到品牌故事的构建中，进一步加深品牌与用户的联系。

线上新媒体活动的扩展与创新为旅游行业带来了全新的发展机遇。社交媒体营销的广泛应用、互动性与参与感的增强以及数字内容创新的推动，共同构成了这一领域的重要特征。通过有效利用这些优势，旅游企业能够实现更高效的品牌传播与用户互动，促进市场的可持续发展。未来随着技术的不断进步和用户需求的变化，线上新媒体活动必将继续演化，为旅游行业开辟更广阔的空间。

三、互动性与参与度的提升策略

互动性和参与度是新媒体活动成功的关键因素，尤其在旅游行业，良好的互动能够增强用户体验、提升品牌忠诚度。在数字时代，消费者期望不仅仅是获取信息，更希望参与到品牌的互动中，分享他们的故事和体验。旅游企业通过各种策略来提升互动性与参与度，可以吸引更多用户参与，提升活动的效果和影响力。针对这一主题，本书将探讨有效的提升策略，包括社交媒体互动、用户生成内容的激励机制以及多样化的活动设计。

（一）社交媒体互动的有效运用

社交媒体平台为旅游企业提供了强大的互动工具，能够与用户进行实时沟通。通过创建专属话题标签、举办在线问答和投票活动，企业能够鼓励用户表达意见与反馈。这种互动不仅能增强用户的参与感，还能让品牌了解用户的真实需求。设计有趣的互动环节，如旅游知识竞赛或分享旅游故事的挑战，能够有效吸引用户的注意力，促使他们主动参与。

在实施社交媒体互动时，企业应注重内容的及时性和相关性。发布内容时选择热门话题、节假日或流行趋势，可以提高内容的传播性。同时积极回应用户的评论和反馈，展示企业对用户意见的重视，这将进一步增强用户的忠诚度。通过不断优化互动策略，旅游企业能够建立起与用户之间的良性循环，促进品牌与用户的深层次互动。

社交媒体的独特性在于其能够创造社区感，用户能够在平台上找到志同道合的人。通过打造主题社区或小组，企业能够进一步增强用户的归属感。比如针对特定目的地的旅行者，创建专属社区，让他们分享经验、推荐景点、交流心得，既提高了用户的参与感，又为品牌提供了大量的市场洞察。社区成员之间的互动也能在无形中推动品牌的口碑传播，吸引更多潜在客户。

有效的社交媒体互动还需要定期评估和优化，通过分析互动数据，如用户参与率、评论数和分享数，企业可以了解哪些内容最受欢迎，哪些策略需要调整。这样的数据驱动方法可以帮助企业及时应对市场变化，优化内容策略，从而提升品牌的整体竞争力。社交媒体的互动不仅仅是一次性活动，而是一个持续的过程，需要企业长期投入精力和资源，以建立持久的用户关系。

（二）用户生成内容的激励机制

用户生成内容（UGC）是新媒体互动的重要组成部分，能够有效提升品牌曝光率和用户参与度。通过鼓励用户分享他们的旅游经历和照片，企业不仅能获得丰富的内容资源，还能增强用户的归属感和认同感。设置一些激励措施，如举办摄影比赛、提供奖励或在社交媒体上展示优秀作品，能够激发用户的创作欲望，使其主动分享。

为了最大化 UGC 的效果，企业需要创造一个积极的分享环境。通过展示用户生成内容在品牌营销中的重要性，能够有效激励用户参与。定期选择用户的优秀分享内容，进行宣传或作为品牌宣传素材，不仅让用户感受到被认可，还能激励更多人参与到内容创作中。同时通过创建具有挑战性的主题活动，可以鼓励用户展示创意，从而提高内容的多样性和趣味性。

企业还需确保 UGC 活动的可持续性和相关性，通过持续更新活动主题和规则，确保用户保持参与的热情。适时的用户反馈和表彰机制也非常重要，通过定期展示用户的创作成果，或在品牌活动中给予参与者特定荣誉，能够进一步增强用户的参与意愿。最终良好的 UGC 策略将为品牌创造丰富的内容和积极的口碑，形成良性循环，助力品牌形象的提升。

（三）多样化的活动设计与体验优化

提升互动性和参与度的另一个重要策略是多样化活动设计，通过丰富活动形式，旅游企业能够满足不同用户的兴趣和需求。线上线下结合的活动形式，如结合现场体验与在线互动，能够吸引更多参与者。在特定节日或旅行季节，组织线上直播活动，展示热门旅游目的地，同时鼓励用户在现场参与互动，分享实时感受。

在活动设计中，注重用户体验至关重要。无论是线上还是线下活动，企业应确保用户能够方便参与、获取信息和反馈。通过简化参与流程、优化平台使用体验，能够有效提升用户的参与度。活动后期的反馈机制也是提升用户忠诚度的关键。通过收集用户反馈、展示活动成果，可以让用户感受到自己的参与是有价值的，从而促进后续的互动与参与。

多样化的活动设计还应关注用户的情感体验，通过增加感官元素，如视觉、听觉、触觉等，可以提升活动的整体吸引力。在现场活动中，提供目的地特色美食的试吃环节，或者设置有趣的体验项目，让参与者更深入地感受旅游目的地的独特魅力。这样的活动不仅能增强用户的参与感，还能在用户心中留下深刻印象，促进品牌的长期记忆。企业还需关注活动的时间安排和频率，以确保用户持续参与。定期举办系列活动，可以让用户期待后续的互动，并增强品牌的持续曝光。在活动的设计和推广中，利用数据分析工具，及时调整活动策略，以确保满足用户的兴趣和需求。通过创新和持续优化，旅游企业能够有效提升用户的参与度，实现良好的市场反馈。

互动性与参与度的提升策略为旅游行业的新媒体活动注入了活力。通过有效运用社交媒体互动、激励用户生成内容和多样化活动设计，企业能够增强与用户之间的联系，提升品牌的吸引力与忠诚度。在数字化时代，良好的互动不仅是提升用户体验的途径，还是推动品牌发展的重要手段。未来随着技术的不断发展和用户需求的变化，旅游企业应持续创新互动策略，以适应不断变化的市场环境。

四、阅读推广活动的可持续性

阅读推广活动的可持续性对于公共图书馆的长期发展至关重要。可持续性不仅关系到活动的重复性和影响力，还影响到读者的参与度和阅读习惯的形成。有效的阅读推广活动能够在一定时间内持续吸引读者参与，提升他们的阅读兴趣，从而增强公共图书馆在社会文化生活中的地位。探讨可持续性的策略，尤其在资源配置、活动设计与社区参与等方面，将有助于公共图书馆构建更为坚实的阅读推广基础。

（一）资源的有效配置与管理

资源的有效配置是确保阅读推广活动可持续性的基础。公共图书馆应合理配置人力、物力和财力，确保活动的高效执行。人员的专业素养直接影响活动的质量。图书馆工作人员须具备良好的沟通能力和组织能力，能够有效协调各类资源，设计出吸引读者的活动。同时图书馆应注重与当地学校、文化团体及社区组织的合作，以获取更多资源支持，形成合力，共同推动阅读活动的开展。

物理空间的优化也是不可忽视的一环，图书馆应根据不同活动的需求，灵活调整空间布局，创造适合阅读和交流的环境。定期更新和丰富馆藏资源，使其紧跟时代潮流和读者需求，能够吸引更多读者参与。通过开展定期的读者调查，了解其兴趣和需求，图书馆能够动态调整活动内容与形式，确保资源始终发挥最大效益。财务支持同样重要，建立多元化的资金来源，除了依赖政府资金外，还应积极争取社会捐赠、企业赞助以及开展收费活动来增加收入。通过合理的预算管理，确保各项活动能够顺利进行。结合数字化平台进行众筹或小额资助，也能有效提升资金的灵活运用，支持持续的阅读推广活动。

（二）活动设计的创新与灵活性

活动设计的创新性直接影响到阅读推广的吸引力与参与度。定期评估和更新活动内容，结合时下热点和读者反馈，能够有效增强活动的吸引力。在暑期或节假日推出特别的主题活动，如阅读马拉松、作家见面会等，能够吸引不同年龄层的读者参与。丰富多样的活动形式，如线上线下结合、互动游戏、读书会等，可以满足读者的不同需求，提高参与率。

灵活性是活动设计的另一重要特征，根据实际情况调整活动计划，可以避免资源浪费并提升活动效果。若某项线下活动因天气原因无法进行，可以迅速转为线上形式，确保活动不受影响。图书馆应建立一套完善的应急机制，及时应对突发情况，保证活动能够在不同环境中顺利推进。活动设计不仅应关注短期效果，还需考虑其对读者的长期影响。通过建立持续的主题活动，形成品牌效应，可以吸引读者形成长期参与习惯。围绕“阅读与成长”这一主题，定期开展讲座和分享会，能够帮助读者在阅读中找到自我提升的途径，增强他们的参与动力。

（三）社区参与与合作的深化

社区参与是提升阅读推广活动可持续性的重要因素，通过建立良好的社区关系，公共图书馆能够更好地了解读者的需求，组织符合当地文化特色的活动。与社区组织、学校和志愿者合作，不仅可以增加活动的资源投入，还能够扩展活动的影响力。鼓励社区成员参与到活动的策划和实施中，能够增强他们的归属感，提升活动的参与度。

图书馆还应积极利用新媒体手段，增强与读者的互动。通过社交平台宣传活动，鼓励读者在网上分享参与体验，不仅能够增加活动的曝光率，还能形成良好的口碑效应。组织线上讨论和分享会，使更多人能够参与到阅读推广中来，扩大活动的影响范围。同时建立读者反馈机制，通过收集意见和建议，不断优化活动内容和形式，使其更加贴近读者的需求。在社区参与方面，定期举办文化活动，如读书节、作家签售会等，可以吸引更多家庭参与。通过这些活动，图书馆不仅能够推广阅读，还能促进邻里之间的交流与合作，增强社区的凝聚力。这样的互动将使阅读推广活动更具生命力，形成可持续发展的良性循环。

阅读推广活动的可持续性是提升公共图书馆影响力的重要途径。通过有效的资源配置与管理、创新灵活的活动设计以及深化社区参与与合作，图书馆能够构建起一个持续发展的阅读推广生态。在信息技术不断发展的今天，图书馆应积极拥抱新媒体，拓展阅读推广的渠道与形式，以适应不断变化的社会需求。未来的阅读推广活动，既要关注短期效果，又要注重长期影响，从而为读者的成长与文化素养提升做出更大的贡献。

第二节　公共图书馆的资源配置与优化

一、图书馆馆藏资源的优化配置

在信息技术迅速发展的背景下，公共图书馆作为文化传播的重要阵地，面临着如何有效配置和优化馆藏资源的挑战。馆藏资源的优化配置不仅关乎图书馆的服务质量和读者满意度，还直接影响到全民阅读的推广效果。因此，探索有效的馆藏资源优化策略，能够提升公共图书馆在促进阅读和文化传承方面的作用。

（一）数据驱动的馆藏分析

对馆藏资源进行数据驱动的分析，能够为优化配置提供科学依据。通过对借阅数据、用户反馈和使用频率的分析，图书馆可以了解哪些书籍和资源最受欢迎，哪些资源则被忽视。数据分析工具的应用，使得馆藏管理者能够更精准地识别资源的使用趋势。这不仅能帮助图书馆合理规划新书的采购，还能优化旧书的保留和淘汰，确保馆藏始终保持活力与相关性。

数据分析不仅是关于借阅数量的简单统计，还应结合读者的年龄、性别、教育背景等多维度信息进行深入研究。这种全面的分析方法可以揭示出不同读者群体的偏好变化，使图书馆能够针对特定人群制定更有效的资源配置策略。了解年轻读者更倾向于数字媒体，而老年读者更喜欢纸质书籍，这样的洞察力可以帮助图书馆在采购和展示资源时做出更明智的决策。

同时定期的数据分析也为图书馆制定长期发展战略提供了支持，通过对借阅习惯的深入研究，图书馆能够掌握读者的兴趣变化，预测未来的阅读趋势。这种前瞻性的策略可以帮助图书馆及时调整馆藏结构，适应变化的文化消费环境。随着电子书和数字媒体的普及，传统纸质书籍的借阅率会下降，图书馆应相应地增加数字资源的比例，以更好地满足现代读者的需求。

（二）多样化的馆藏资源整合

公共图书馆的馆藏不仅包括传统纸质书籍，还应积极整合数字资源和多媒体资料，以适应现代读者的多样化需求。通过增加电子书、音频书、视频资料及期刊等多种形式的资源，图书馆能够提供更全面的阅读体验。这种资源整合丰富了读者的选择，为不同兴趣和需求的用户提供了便利，增强了图书馆的吸引力。

图书馆应关注流行文化和新兴趋势，如通过引入与热门影视作品相关的书籍或图像资料，吸引年轻读者的关注。这种与时俱进的资源整合策略能够有效提升读者的参与感，鼓励他们探索新的阅读领域。同时通过举办主题性活动，结合特定的文化现象，图书馆可以营造出独特的阅读氛围，促进读者之间的互动与交流。

与其他文化机构、教育机构的合作也为馆藏资源的多样化提供了契机。通过共享资源，图书馆可以引入更多外部优质资源，形成优势互补。图书馆可以与学校合作，提供与课程相关的专业书籍和研究资料，促进学生的学习与发展。同时图书馆还可以开展主题性阅读活动，结合流行文化和社会热点，吸引更多的读者参与，从而提升阅读的参与度和影响力。

（三）根据读者群体特征进行差异化配置

为了更好地服务于不同的读者群体，公共图书馆应在馆藏资源配置中进行差异化设计。不同的年龄段、文化背景和阅读习惯都会影响个体的阅读需求，因而图书馆在配置资源时，应考虑这些差异，提供针对性的书籍和资料。为青少年提供科幻小说、漫画和励志类书籍，能够激发他们的阅读兴趣，而为老年人提供健康、养生及历史类的书籍，则能够满足他们对知识和文化的渴求。

在差异化配置的过程中，图书馆也可以通过社区调研、读者座谈等形式收集读者的反馈，以便及时调整馆藏资源。通过与读者建立良好的互动关系，图书馆能够更好地了解他们的需求和偏好，从而优化资源配置。图书馆还可以借助社交媒体等渠道，开展阅读推广活动，吸引不同群体的参与，进一步丰富馆藏的多样性和包容性。

图书馆在设计差异化资源时，还应考虑到技术的应用。比如利用推荐系统为读者推送个性化的书籍，或者通过定制化的书单来满足特定群体的需求。这样的方式不仅提升了读者的满意度，还有助于增强他们的阅读习惯，从而更有效地推动全民阅读的实现。

馆藏资源的优化配置是提升公共图书馆服务质量和全民阅读推广效果的重要环节。通过数据驱动的馆藏分析、多样化的资源整合以及差异化的配置策略，图书馆能够有效提升资源的利用效率，满足不同读者群体的需求，进而促进阅读文化的传播和发展。优化馆藏资源能够增强图书馆的核心竞争力，也为实现全民阅读的目标打下坚实的基础。

二、数字资源的引入与整合

随着科技的飞速发展，数字资源在信息获取和知识传播中的重要性日益凸显。公共图书馆作为知识与文化的中心，必须积极引入和整合数字资源，以满足现代读者多样化的需求。数字资源的引入不仅包括电子书籍、数据库和在线期刊，还涉及音频、视频等多媒体资料的整合。这种整合不仅提升了图书馆的服务能力，还为读者提供了更为丰富的阅读体验。通过合理的资源配置与整合策略，图书馆能够更好地适应时代的发展，为全民阅读推广注入新的活力。

（1）数字资源的多样化引入

引入多样化的数字资源是公共图书馆满足不同读者需求的关键。随着阅读习惯的变化，读者对信息获取的方式和内容呈现形式有了新的期待。电子书、电子期刊和音频书籍等数字资源的引入，能够大大丰富馆藏类型，为读者提供更灵活的选择。研究表明，数字资源能够提高阅读的便捷性和获取信息的速度，尤其是在移动设备普及的背景下，读者随时随地都能够进行阅读和学习。

公共图书馆还应关注新兴数字内容的引入，如在线课程、虚拟现实体验和互动阅读平台等。这些新型数字资源能够吸引年轻读者的注意，提高他们的参与感和学习兴趣。通过引入这些资源，图书馆不仅可以扩大服务范围，还能吸引更多未曾接触过传统阅读的群体，从而推动全民阅读的实现。

通过构建多元化的数字资源体系，图书馆能够更好地服务于不同年龄段和文化背景的读者。对青少年而言，提供丰富的科幻小说、漫画和游戏类书籍将激发他们的阅读兴趣；而对成年人，提供专业知识、技能提升和生活方式的相关资源则能更好地满足他们的学习需求。这种针对性的数字资源引入将有效提升图书馆的吸引力和使用率。

（2）数字资源的高效整合

在引入数字资源的同时公共图书馆需要进行高效的整合，以实现资源的最大化利用。数字资源整合不仅涉及物理存储的问题，更关系到如何有效地管理和呈现这些资源。建立一个统一的数字资源平台，可以使读者在一个界面中轻松访问各种类型的数字资源。这样的整合不仅提高了资源的可用性，还增强了读者的使用体验。

为了实现这一目标，图书馆可以引入智能化的管理系统，利用大数据分析技术监测读者的使用习惯，优化资源推荐。通过个性化推荐机制，图书馆能够为不同读者群体提供符合其兴趣的资源，从而提升用户的满意度。借助先进的搜索引擎技术，读者可以更快速地找到所需的数字资源，避免信息过载和检索困难的问题。

数字资源整合还应考虑到与其他文化和教育机构的合作，通过资源共享，进一步丰富馆藏内容。与高校合作，将学术资源和研究成果引入公共图书馆，为读者提供更深入的知识体验。这种跨界合作不仅增强了图书馆的资源整合能力，还促进了社区内知识的传播与共享，推动全民阅读的共同发展。

（3）数字资源的推广与培训

数字资源的引入和整合并不意味着自动成功，推广和培训同样重要。读者对数字资源的使用能力直接影响到资源的有效利用。公共图书馆需要积极开展数字资源的推广活动，提高读者的认知度和使用率。通过举办专题讲座、在线培训和互动活动，图书馆可以帮助读者了解如何使用各种数字资源，包括电子书的借阅、数据库的查询以及多媒体资料的获取。

同时为了确保不同年龄层和文化背景的读者都能有效地使用数字资源，图书馆应制定针对性的培训计划。针对老年读者，可以设计简单易懂的使用指南和培训课程，帮助他们克服对新技术的恐惧；而对于年轻读者，可以通过趣味性和互动性的活动吸引他们参与，提升他们的数字素养。这样不仅能增强读者的信心，还能激发他们的学习热情，从而更有效地推动数字资源的使用。

在数字资源推广的过程中，图书馆还应利用社交媒体等渠道，传播相关信息，吸引更多读者关注数字资源的使用。通过分享成功案例和用户体验，图书馆能够激励其他读者参与到数字阅读中，从而形成良好的阅读氛围，促进全民阅读的进一步发展。

数字资源的引入与整合是公共图书馆应对现代阅读需求的重要策略。通过多样化的数字资源引入、高效的资源整合以及针对性的推广与培训，图书馆能够有效提升服务质量，满足不同读者的需求，推动全民阅读的实现。数字资源的有效管理与应用不仅增强了图书馆的功能与影响力，还为文化传播与知识共享提供了新的路径，助力图书馆在新时代背景下的转型与发展。

三、针对不同群体的资源差异化配置

在公共图书馆的运营中，资源的配置是确保其有效服务的重要环节。针对不同群体的资源差异化配置不仅可以提升读者的满意度，还能有效促进全民阅读的目标实现。不同年龄、文化背景、兴趣爱好以及社会经济状况的读者，对资源的需求各不相同。通过深入分析这些差异，公共图书馆能够更精准地配置和推广资源，增强其在社区中的文化影响力与服务能力。这种策略的实施，不仅为读者提供了更为个性化的阅读体验，还推动了图书馆在社会文化建设中的积极作用。

（一）儿童与青少年的资源配置

公共图书馆在服务儿童和青少年时，应特别关注他们的兴趣和心理发展特点。针对这一群体，图书馆可提供丰富的儿童读物、青少年小说和漫画，鼓励他们培养阅读兴趣。多样化的馆藏资源能够激发儿童的好奇心，帮助他们在轻松愉悦的环境中探索知识的海洋。同时结合学校教育，图书馆还可提供与课程相关的辅助读物，以支持学生的学习和成长。

在资源配置时，还应重视数字化资源的引入。青少年对电子书、在线学习平台和多媒体内容的接受度高，图书馆可以通过增加这些资源的供应，来满足他们对信息获取的需求。利用社交媒体平台进行宣传和推广，可以吸引更多青少年参与到阅读活动中来。组织各类阅读活动，如读书会、创意写作比赛等，也能有效提升他们的阅读参与感和兴趣。

这种针对性的资源配置不仅有助于儿童和青少年的阅读习惯养成，还能促进他们的综合素质提升。通过阅读，他们能够更好地理解世界，发展思维能力和表达能力，形成良好的价值观和人生观。因此，公共图书馆在资源配置时，应将儿童和青少年群体的需求放在重要位置，积极探索适合他们的资源推广策略。

（二）成人读者的多样化需求

成人读者的资源需求相对复杂，涉及职业发展、生活技能、兴趣爱好等多个方面。公共图书馆需要通过细致的市场调研，了解成人读者的实际需求，从而进行有针对性的资源配置。对于职业人士而言，专业书籍、行业期刊和技能培训资源的引入显得尤为重要。这类资源不仅能够帮助他们提升专业素养，还能为职业发展提供有力支持。同时生活类书籍、健康养生、心理辅导等资源也应纳入馆藏，满足读者在生活层面的需求。这不仅为成人读者提供了丰富的选择，还能帮助他们在忙碌的生活中找到情感寄托和精神慰藉。通过组织相关主题的讲座和活动，图书馆还能够进一步激发成人读者的阅读兴趣，鼓励他们主动参与到阅读活动中来。

在数字资源方面，成人读者同样需要便利的获取方式。图书馆可以通过引入在线学习平台、电子书借阅系统等，方便读者随时随地进行学习和阅读。这种数字化转型不仅提高了资源的使用效率，还提升了图书馆服务的现代化水平。通过针对成人群体的差异化资源配置，公共图书馆能够有效满足他们的多样化需求，进而提升其在社区中的文化地位和影响力。

（三）特殊群体的支持与服务

针对特殊群体，公共图书馆的资源配置应更具人性化和包容性。残障人士、老年人以及经济困难群体在阅读和信息获取方面存在独特的挑战，图书馆需要通过差异化的资源配置来满足这些群体的特殊需求。对于视力障碍者，可以提供有声书和盲文书籍，确保他们能够平等地享受阅读的乐趣。对于老年人，设置方便的借阅服务和相关的健康、历史书籍，能够更好地服务于这一群体的需求。图书馆还可以通过开展志愿服务项目，邀请社区志愿者为特殊群体提供陪伴和服务。这种互动不仅能够增强社区的凝聚力，还能提高特殊群体的阅读参与度和社会参与感。针对经济困难群体，公共图书馆应提供免费的借阅服务和公益性阅读活动，以降低他们的参与门槛，确保所有人都能平等享受文化资源。

针对不同群体的资源差异化配置是提升公共图书馆服务能力的重要策略。通过对儿童与青少年、成人及特殊群体需求的深入分析和针对性配置，图书馆能够为读者提供更为丰富和个性化的阅读体验。这种差异化的资源配置不仅有助于提升读者的满意度，还能有效推动全民阅读的目标实现。公共图书馆在社会文化建设中扮演着重要角色，通过积极探索和实施资源差异化配置策略，能够为社区的文化繁荣与发展做出更大的贡献。

四、图书馆资源配置与社会需求的平衡

公共图书馆在促进阅读和文化传播方面扮演着至关重要的角色。其资源配置

不仅要满足读者的基本需求，更需与社会整体需求相契合。在快速变化的社会背景下，图书馆面临着来自不同群体的多元需求，以及社会文化、经济发展和技术进步带来的挑战。因此，寻找资源配置与社会需求之间的平衡，成为公共图书馆发展的重要课题。这一平衡不仅关系到图书馆的服务质量，还影响着全民阅读推广的效果和社会文化的提升。

（一）了解社会需求的多样性

社会需求的多样性体现在不同群体的文化、教育、经济背景上。公共图书馆需通过调研和数据分析，深入了解社区内各类读者的实际需求。不同年龄段的读者对资源的偏好有所不同，儿童和青少年倾向于图画书和青少年文学，成年人则更关注职业发展和自我提升相关的书籍。特殊群体如老年人和残障人士也有其特定的需求，图书馆应当考虑如何为这些群体提供便捷的服务与资源。

为了实现这一目标，图书馆可以定期举办读者座谈会和问卷调查，收集反馈并了解社区的具体需求。通过这种方式，图书馆能够及时调整馆藏资源，确保所提供的书籍和信息能够有效满足读者的期待。同时借助数据分析技术，图书馆可对借阅趋势进行分析，发现新兴的阅读需求，进而优化资源配置。这种基于社会需求的灵活调整，能够增强图书馆的服务适应性，提高读者的参与度和满意度。

（二）资源配置的灵活性与创新

在满足社会需求的基础上，资源配置的灵活性和创新性同样重要。传统的资源配置模式往往受限于固定的馆藏结构和服务流程，难以迅速适应变化的社会需求。公共图书馆需要探索多样化的资源配置方式，结合数字化发展，打造适应现代社会的服务模式。通过引入电子书、在线学习平台以及移动应用，图书馆能够为读者提供更加便捷和丰富的阅读选择。这种转变不仅提升了服务的可达性，还满足了不同读者对信息获取的个性化需求。

同时创新性的活动和项目也能有效增强资源的使用价值。图书馆可以通过组织主题阅读活动、文化讲座和阅读分享会，鼓励读者积极参与，并借此推广馆藏资源。通过与社区组织、学校和企业的合作，图书馆还可以扩展其服务范围，吸引更多的读者群体。这种创新的资源配置方式，既能提升图书馆的知名度与影响力，又能增强其与社会的互动，创造更为积极的阅读氛围。

（三）建立反馈机制与评估体系

资源配置的平衡还需通过建立有效的反馈机制与评估体系来实现。公共图书馆应定期对其服务效果进行评估，了解资源配置是否真正满足了读者的需求。这一过程不仅要关注借阅数据，还需综合考虑读者的反馈与满意度调查。通过多渠道收集信息，图书馆能够更全面地了解自身服务的优劣，从而及时调整资源配置策略。

在评估体系中，应考虑多维度的指标，如读者的参与度、满意度以及资源使用率等。同时通过数据分析技术，可以对资源使用情况进行深度挖掘，为未来的决策提供依据。结合社会需求的变化，图书馆可制定相应的改进方案，确保资源配置与社会需求之间的动态平衡。建立这种有效的反馈机制，不仅有助于提升服务质量，还能够促进图书馆的可持续发展。

在公共图书馆的发展过程中，资源配置与社会需求的平衡是提升服务质量和推广全民阅读的关键所在。通过深入了解社会需求的多样性、提升资源配置的灵活性与创新性、建立有效的反馈机制与评估体系，图书馆能够更好地满足不同读者的需求，增强其在社区文化建设中的影响力。这一平衡不仅促进了图书馆自身的发展，还为实现全民阅读的目标奠定了坚实的基础。

第三节　公共图书馆的空间设计与阅读环境

一、图书馆物理空间设计的演变

公共图书馆作为知识传播和文化交流的重要场所，其物理空间的设计历经了多次演变。这一过程既反映了时代的发展变化，又体现了社会对阅读和学习的不同需求。在信息技术迅猛发展的今天，传统的图书馆空间设计已经无法满足现代读者对舒适性、便利性和互动性的需求。因此，重新审视图书馆的空间设计，探索适应新时代要求的创新布局，成为当今公共图书馆发展的关键课题。有效的空间设计不仅可以提升读者的阅读体验，还能促进全民阅读的推广。

（一）传统图书馆空间设计的特征

传统图书馆的空间设计通常以静态为主，强调书籍的存放和保护，注重安静的阅读环境。这类设计往往采用封闭式书架和单一的阅览区，读者在图书馆内的活动空间受到限制，主要集中在查阅和借阅图书。为了维护安静和专注，传统图书馆对交流和互动的空间配置相对欠缺。这种设计虽然在某种程度上满足了当时读者的基本需求，但在信息获取方式和阅读习惯不断变化的背景下，显得愈加局限。传统图书馆内的设计常常侧重于功能性，缺乏对读者社交需求和互动空间的考虑。

随着知识经济的快速发展，读者的需求日益多样化，传统空间设计的局限性逐渐暴露。很多读者希望在图书馆中不仅能获得书籍，还能享受社交、讨论和学习的空间。为了解决这一问题，一些图书馆开始探索更为灵活和开放的空间布局，尝试通过改造原有空间来提升服务质量。这一转变不仅反映了图书馆的服务理念变革，还标志着公共图书馆在社会文化角色上的逐步拓展。重新思考空间布局，使其更具适应性和包容性，已成为提升图书馆服务质量的必然选择。

（二）现代图书馆空间设计的创新

现代图书馆的空间设计趋向于开放与共享，旨在为读者创造一个多功能的学习和交流空间。许多图书馆开始引入开放式书架、讨论区和多媒体阅览室，鼓励读者进行更为自由的探索与互动。这种设计理念强调空间的灵活性与可变性，使得图书馆能够根据不同活动的需要进行调整，以适应各种形式的学习与阅读需求。同时现代图书馆还注重创造舒适的休闲区域，为读者提供放松和思考的空间，增强其整体的阅读体验。不同的空间类型能够激发读者的创造力，使他们在互动中获得更多的知识与灵感。

数字技术的发展也极大地推动了图书馆空间设计的创新，许多现代图书馆开始利用智能设备和数字资源，为读者提供更加便捷的信息获取方式。在空间布局上，设置自助借阅机、数字学习站以及多功能展览区等，提升了服务的科技感和现代感。这些创新不仅使得图书馆更具吸引力，还增强了其在数字时代的竞争力，吸引了更多的年轻读者前来体验和学习。通过现代化的空间设计，图书馆在推动全民阅读的同时也促进了文化的传播与共享。读者不再是被动的信息接收者，而是积极参与者，推动图书馆形成更加活跃的学习社区。

（三）可持续发展的空间设计理念

公共图书馆的空间设计应当关注可持续发展理念，考虑环境、社会和经济的综合影响。当前越来越多的图书馆在设计时融入绿色建筑和可持续发展的元素，如使用环保材料、引入自然光照、设置绿色空间等。这不仅能够降低运营成本，还能提升读者的舒适度和体验感。营造一个绿色、健康的阅读环境，对于吸引更多读者走进图书馆、参与阅读活动具有重要意义。这样的设计理念也能够引导读者对环境保护的关注，营造可持续发展的文化氛围。

同时空间设计也应考虑到社区的多样性，提供适应不同人群需求的空间配置。设立儿童阅读区、老年人活动区和无障碍通道等，使不同背景的读者都能在图书馆中找到属于自己的空间。这种包容性的设计能够提升图书馆的服务水平，增强其在社区中的文化凝聚力和影响力。通过融入可持续发展理念，公共图书馆更好地服务于读者，为建设和谐社区贡献力量。随着社会对可持续发展认知的不断加深，图书馆也应积极探索如何通过空间设计来实现更广泛的社会效益。

公共图书馆的物理空间设计随着社会需求和技术发展的变化而不断演变。从传统的封闭式设计到现代的开放式创新，空间设计理念日益多元化与灵活化。通过引入舒适的休闲空间、智能化的服务设施以及可持续发展的设计理念，图书馆提升了自身的服务能力，为促进全民阅读创造了良好的环境。未来公共图书馆将在空间设计中继续探索与创新，以更好地服务读者，推动文化的传承与发展。这样的变革将为图书馆带来新的机遇，使其在社会文化生活中发挥更为重要的作用。

二、营造适合不同读者群体的阅读氛围

公共图书馆作为文化和知识的中心，承载着多元化的读者群体。在这样一个多样性的环境中，如何营造适合不同读者群体的阅读氛围成为了图书馆设计和运营的重要任务。不同年龄、背景和兴趣的读者在图书馆内的需求各异，创造一个包容且富有吸引力的阅读空间，不仅能提升读者的阅读体验，还能促进全民阅读的开展。通过细致入微的空间设计、灵活的布局和多样的活动安排，公共图书馆能够为各类读者提供适宜的阅读氛围，满足他们的不同需求。

（一）儿童阅读空间的设计

儿童是图书馆的重要读者群体，他们对空间的感知和使用习惯与成年人有显著不同。为此儿童阅读空间的设计应注重趣味性和安全性，营造出一个温馨、友好的环境。色彩鲜艳的书架、舒适的座椅和丰富的阅读材料能够激发儿童的好奇心和探索欲望。在这样的环境中，儿童不仅可以自主选择感兴趣的书籍，还能参与到各种活动中去，如故事会、手工制作等。通过鼓励孩子们参与互动，图书馆为他们提供了一个促进想象力与创造力发展的平台。

在设计儿童阅读空间时，应充分考虑其心理和生理特征。设置适合儿童身高的书架和桌椅，以便他们轻松取用书籍和参与活动。创造多样化的空间布局，如小型游戏区、互动阅读区和安静阅读区，可以满足不同阅读风格和活动需求的儿童。这种灵活性不仅能让孩子们在玩乐中阅读，还能促进他们的社交能力与团队合作精神，为培养阅读习惯打下良好的基础。通过这样的空间设计，图书馆能够有效吸引儿童的注意力，并帮助他们在轻松愉悦的氛围中爱上阅读。

（二）青少年阅读环境的构建

青少年读者的需求更趋向于个性化和社交化，在设计青少年的阅读环境时，图书馆应考虑他们对空间隐私与社交活动的平衡。设立小组讨论区和安静阅读区，使青少年能够在需要时找到独处的空间，而在其他时候又能与朋友一起讨论和分享读书心得。同时图书馆应提供丰富的多媒体资源和活动，吸引青少年参

与。通过这样的设计，青少年不仅能够感受到图书馆的开放性，还能在互动中找到志同道合的伙伴，提升他们的归属感。

在青少年阅读环境中，现代化的设施和技术应用是不可或缺的。自助借阅机、电子书阅读区以及充电站等设施，能够为青少年提供便利。定期举办主题阅读活动、创意工作坊等，可以激发青少年的阅读兴趣，增强他们的参与感与归属感。通过这些设计与活动的结合，公共图书馆能够为青少年营造一个既开放又充满活力的阅读氛围，促进他们的成长和发展。这种阅读环境不仅能满足青少年的个性化需求，还能帮助他们形成良好的阅读习惯，培养未来的阅读领袖。

（三）老年人阅读空间的适应性设计

老年人是一个特殊的读者群体，他们在图书馆中的需求往往被忽视。针对这一群体，公共图书馆在空间设计上应注重舒适性与无障碍性。老年人对于阅读环境的要求包括良好的照明、舒适的座椅、便于使用的设施等。设置宽敞的通道和无障碍设施，确保老年读者能够方便地进入图书馆，参与到各类活动中。合理的座位安排与良好的环境布局，可以使老年人感到安全与舒适，鼓励他们频繁使用图书馆资源。

图书馆可以为老年读者提供特定的活动，如健康讲座、兴趣小组和阅读分享会等，促进他们之间的交流与互动。创建一个温暖、友好的环境，有助于老年人形成阅读习惯，提升他们的生活质量。通过这些空间和活动的设计，公共图书馆不仅能够满足老年人的阅读需求，还能为他们提供情感支持和社交平台，增强其社区归属感。老年读者的参与不仅丰富了图书馆的文化活动，还为整个社区增添了活力与智慧。

营造适合不同读者群体的阅读氛围，是公共图书馆设计和服务的重要目标。通过针对儿童、青少年和老年人等不同群体的空间设计与活动安排，图书馆能够更好地满足多样化的阅读需求。这种包容性和灵活性的空间设计，不仅提升了读者的阅读体验，还推动了全民阅读的开展。未来公共图书馆将继续探索创新，通过优化空间和活动，进一步加强其在社区文化生活中的作用。这样的变革将为图书馆带来新的机遇，使其在社会文化生活中发挥更为重要的作用。

三、功能分区与阅读体验的提升

公共图书馆的空间设计不仅仅涉及书籍的摆放与管理，更重要的是功能分区的合理布局。不同功能区的设置能够显著提升读者的阅读体验，满足各类读者的需求。在图书馆内设置明确的功能分区，有助于引导读者在适合的环境中进行阅读、学习和交流。这种功能性的划分不仅提升了图书馆的使用效率，还为读者提供了一个舒适、便利的阅读环境，进而促进全民阅读的推广。通过优化空间布局和功能分区，图书馆能够更好地服务于不同年龄和兴趣的读者，从而成为文化交流和知识分享的重要场所。

（一）安静阅读区的设计

安静阅读区是图书馆中不可或缺的一部分，为读者提供一个专注和沉浸的环境。此区域的设计应当强调宁静与舒适，通常选择柔和的色调和温暖的灯光，以减少外界的干扰。同时座位的配置要考虑到个人的隐私与舒适度，设置适量的隔断或小型沙发，使读者可以在安静的环境中尽情享受阅读的乐趣。在这一环境中，读者能够更好地投入书籍中，享受阅读带来的精神愉悦。

安静阅读区应配备良好的照明设施，确保读者在阅读时能够获得足够的光线。光源的选择上可以使用可调节亮度的灯具，以适应不同时间段的需求。地面材料的选择也应注重降低噪声的效果，如使用地毯或其他吸声材料。安静阅读区应远离喧闹的区域，如儿童活动区和讨论区，保证读者在阅读时不会受到打扰。通过提供这样的安静环境，图书馆能够有效提升读者的集中力与阅读效率，进而鼓励更多人投入阅读中。

（二）多功能交流区的构建

多功能交流区旨在为读者提供一个开放的社交环境，促进知识的分享与交流。在这个区域，读者可以进行小组讨论、参加讲座或参与各种文化活动。为了满足不同需求，该区域应具备灵活的布局和可移动的家具，便于根据活动的规模和性质进行调整。灵活的空间设计使得图书馆能够根据实际需要，快速适应不同类型的活动，从而更好地服务于读者。

多功能交流区的设计还应考虑到技术设施的配置，如音响系统、投影设备和互联网接入等，以支持各类活动的开展。创意墙面、互动展览和展示架等元素，可以吸引读者的注意力，激发他们的参与热情。在多功能交流区，读者不仅能够获取信息，还能够与他人分享观点，进行深入的讨论和思想碰撞。通过创造一个积极互动的环境，多功能交流区能够增强读者的社交体验，推动社区文化的繁荣发展。这一空间的存在，不仅丰富了图书馆的功能，还提升了其在社区中的重要性。

（三）儿童和青少年专属区域的划分

儿童和青少年是图书馆的重要服务对象，专属区域的划分能够满足他们特有的需求。儿童阅读区应具备色彩丰富、主题明确的设计，设置适合他们的书架和座椅，使他们能够轻松访问各种书籍。区域内可增设互动设施，如阅读游戏、手工制作区和故事角，以提升孩子们的阅读兴趣和参与度。通过这样的设计，图书馆能够吸引更多的儿童走进阅读的世界，让他们在游戏中学习，培养良好的阅读习惯。

青少年阅读区则应注重营造一个既能满足学习需求，又能提供社交空间的环境。配备现代化的技术设施，如计算机、电子书阅读器和充电站，为青少年提供便捷的学习体验。同时设置小组讨论区和休闲区，使青少年可以在这里进行学习和交流。通过这样的专属区域划分，图书馆不仅能够满足不同年龄段读者的需求，还能激发他们的创造力与想象力。这样的环境能够让青少年在知识的海洋中遨游，找到自己的兴趣所在，并与他人分享和讨论，增强他们的阅读动力。

功能分区的合理设计对于提升公共图书馆的阅读体验至关重要，通过安静阅读区、多功能交流区和儿童及青少年专属区域的划分，图书馆能够为不同读者提供适宜的环境和丰富的活动。这样的设计不仅增强了图书馆的吸引力，还促进了阅读文化的传播与发展。未来公共图书馆在空间设计上应继续创新，通过不断优化功能分区，提高读者的满意度和参与感，推动全民阅读的深入开展。这样的努力将进一步巩固图书馆在社区文化生活中的核心地位，促进社会整体的文化发展。

四、空间设计对阅读推广的促进作用

公共图书馆的空间设计不仅关乎视觉美感，还对阅读推广的有效性产生深远影响。一个精心设计的空间能够吸引更多读者光临，提升他们的阅读体验。在空间布局中，合理的区域划分和舒适的环境设置不仅能促进读者的专注和投入，还能激发他们的创造力和想象力。通过优化图书馆的空间设计，能够在无形中推动阅读的普及与推广，为全民阅读的目标提供坚实的基础。通过对空间的细致设计，图书馆既提升了自身的功能性，又成为了文化传播的重要场所，承载着社区的文化价值和阅读传统。

（一）空间布局与读者行为的关系

空间布局直接影响读者的行为模式，研究表明，不同的空间布局可以引导读者的流动，影响他们的停留时间和活动选择。开放式的空间设计鼓励读者自由探索，而分区明确的布局则有助于读者在特定区域中集中注意力。通过合理的动线设计，读者能够轻松找到所需的资源，减少在馆内的迷失感。这样的布局不仅提升了图书馆的使用效率，还增强了读者的整体体验。设计中的每一个细节，如入口位置、书架摆放和座位安排，都会对读者的行为产生影响，创造出友好且引导性的使用环境。

在设计空间时，考虑读者的行为习惯是至关重要的。不同类型的读者在空间使用上的需求各不相同，家庭带孩子的读者、青少年学生以及专业研究者都有其特定的行为模式。为此图书馆可设计多样化的空间，包括休闲阅读区、学习讨论区和资料查阅区，以满足不同读者的需求。这种针对性的布局能够吸引更多读者前来，同时也促进他们在馆内的互动与交流，形成良好的阅读氛围。在这个过程中，图书馆可以利用读者的反馈进行空间改进，进一步优化功能布局，确保空间设计能够满足不断变化的需求。

（二）舒适环境对阅读积极性的影响

舒适的阅读环境是提升阅读积极性的关键因素，空间的设计应考虑光线、噪声和温度等多个方面，确保读者在阅读时能够感受到愉悦与放松。自然采光能够有效提升空间的舒适度，减少人工照明带来的压迫感。同时安静的环境和适宜的温度能够帮助读者更好地集中注意力，专心致志地投入书籍中。通过创造一个宜人的环境，图书馆可以显著提升读者的阅读积极性，促进他们的参与度。舒适的环境不仅能够让读者放松心情，还能激发他们的创造力和思考能力，从而提高他们的学习效率。

家具的设计也直接影响到阅读的舒适性，选择符合人体工学的座椅和桌子，使读者在阅读时保持良好的姿势，减少身体疲劳感。在一些阅读区域，设置沙发和休闲椅能够为读者提供放松的空间，鼓励他们在轻松的环境中享受阅读。这种细致入微的设计能让读者感受到图书馆的关怀，从而提升他们的满意度和再次光临的意愿。通过提供这样的舒适环境，图书馆能够打造出一个温馨的阅读氛围，让读者在此既能获取知识，又能享受放松与愉悦。

（三）空间设计的文化传播功能

空间设计不仅仅是功能性的考量，还是文化传播的重要载体。通过精心的空间规划，图书馆能够展示丰富的文化内涵和社区特色。设立文化主题区和展览空间，能够有效传达阅读推广的理念和图书馆的使命。专门的展览区可以定期展示本地作家的作品或文化活动，吸引读者参与，增强他们对本地文化的认同感。这种文化传播不仅丰富了图书馆的功能，还提升了其在社区中的影响力和认同感，使其成为了文化交流的枢纽。

空间设计中融入多媒体元素，可以提升文化传播的效果。通过投影、触摸屏和互动展览，读者能够更直观地接触到各种文化信息。这种新颖的展示方式不仅丰富了阅读体验，还激发了读者的好奇心和探索欲。通过这种方式，图书馆不仅成为知识获取的场所，还成为文化交流和思想碰撞的平台，推动阅读文化的普及。这样的设计理念能够将图书馆的空间转化为一个动态的文化场域，使得每位读者都能在这里感受到文化的温度与力量。

空间设计在公共图书馆阅读推广中发挥着至关重要的作用，通过合理的空间布局、舒适的环境设置以及文化传播功能的强化，图书馆能够有效促进读者的阅读积极性和参与度。未来公共图书馆应继续探索和创新空间设计，以适应不断变化的读者需求，为全民阅读的推广提供更加优质的环境和服务。这样的努力不仅能提升图书馆的吸引力，还将推动更广泛的文化交流与阅读文化的发展，为实现全民阅读的目标做出更大的贡献。

第四节　阅读推广中的公共图书馆人员角色

一、图书馆工作人员的专业素养提升

公共图书馆在促进全民阅读和文化传播方面发挥着关键作用，而图书馆工作人员的专业素养直接影响着图书馆服务的质量与效果。随着科技的快速发展和读者需求的多样化，图书馆工作人员需要不断提升自身的专业知识与技能，以适应变化的环境和挑战。提升专业素养不仅包括对图书馆资源和服务的深入理解，还涉及沟通技巧、信息技术能力及文化素养等多方面的提升。这些能力的增强将有助于工作人员更有效地开展阅读推广活动，满足读者的多样化需求，从而实现图书馆的服务目标。

（一）信息素养与读者服务能力

信息素养是图书馆工作人员必须具备的基本素养之一，随着信息技术的普及，信息的获取和处理方式发生了深刻变化。图书馆工作人员需要掌握信息检索、评估和利用的技能，以便能够有效地指导读者获取所需的信息资源。这不仅包括传统书籍的查找，还包括数据库的使用、电子资源的获取以及信息的筛选与分析。具备信息素养的工作人员能够更好地帮助读者解决信息需求，提升他们的阅读体验和学习效果。

良好的读者服务能力是专业素养的重要组成部分，图书馆工作人员需要具备与读者沟通的能力，理解不同读者群体的需求和偏好，以提供个性化的服务。通过建立良好的互动关系，工作人员能够更深入地了解读者的阅读习惯和兴趣，进

而推荐合适的书籍和资源。专业的服务不仅能够提升读者的满意度，还能增强图书馆的吸引力，鼓励更多人参与到阅读活动中。

（二）技术技能与数字素养

在数字化时代，图书馆工作人员的技术技能显得尤为重要。熟练掌握信息技术，尤其是数字资源管理和网络服务的能力，是提升专业素养的关键。工作人员需要了解各种数字工具的使用，包括图书馆管理系统、在线服务平台以及社交媒体等。这些技能的提升将有助于工作人员更有效地进行信息传播与服务推广，使图书馆能够更好地适应读者在数字时代的需求。

数字素养还包括对新兴技术的敏感性和学习能力，图书馆工作人员需要保持对技术发展的关注，及时学习和掌握新工具，以提高服务的效率和质量。通过积极参与培训和专业发展活动，工作人员可以不断更新知识，提升自身的技术能力。这种对技术的灵活运用，不仅能够提高工作效率，还能够为读者提供更加丰富的数字资源和服务，进一步推动阅读推广的有效性。

（三）文化素养与社区参与

图书馆不仅是知识的存储空间，还是文化传播和交流的平台，工作人员的文化素养在促进阅读推广中扮演着重要角色。理解和尊重多元文化背景，使得图书馆能够更好地服务于不同的读者群体。工作人员应具备跨文化沟通能力，能够与不同背景的读者建立良好的关系，促进文化的交流与理解。

积极参与社区活动也是提升工作人员文化素养的重要途径，通过与社区的互动，工作人员可以更好地了解当地文化和社会需求，为阅读推广活动设计更具针对性的方案。社区参与不仅能够提升图书馆的社会影响力，还能够增强读者的归属感和参与感，鼓励更多人参与到图书馆的各类活动中。通过这种方式，图书馆能够成为社区文化生活的中心，推动全民阅读的广泛开展。

提升图书馆工作人员的专业素养是促进阅读推广的重要保障，信息素养、技术技能和文化素养的全面提升，将使工作人员在服务读者的过程中更加得心应手。面对日益多样化的读者需求，图书馆需要不断为工作人员提供培训与发展机会，以增强他们的专业能力和服务意识。这不仅有助于提升图书馆的整体服务质量，还将进一步推动全民阅读的实现，为构建学习型社会做出积极贡献。

二、志愿者在阅读推广中的作用

志愿者在公共图书馆的阅读推广中扮演着重要的角色，随着社会对志愿服务认知的提升，越来越多的人积极参与到图书馆的各类活动中。志愿者不仅是图书馆服务的重要补充力量，还是推动全民阅读的重要推动者。他们通过丰富的活动形式、灵活的服务方式和对读者的贴心关怀，为图书馆注入了新的活力。志愿者的参与能够有效拓展图书馆的服务范围，增强社区的阅读氛围，从而促进全民阅读的实现。志愿者的多样性和灵活性使他们能够在不同的环境和条件下开展有效的阅读推广活动，为图书馆的整体发展提供了新思路和新动力。

（一）志愿者的招募与培训

招募合适的志愿者是推动阅读推广活动成功的基础，图书馆在招募志愿者时，需要明确活动的目标和志愿者的职责。通过多种渠道宣传，包括社交媒体、社区公告和校园宣传，能够吸引更多有热情和能力的志愿者加入。建立完善的招募机制和激励措施可以提升志愿者的参与意愿，增强志愿服务的可持续性。

志愿者的培训同样至关重要，图书馆应为志愿者提供系统的培训，使其了解图书馆的文化、服务理念以及阅读推广的基本知识。培训内容可以包括信息检索、活动策划、沟通技巧等，使志愿者在实际工作中能够更好地服务读者，开展活动。通过有效的培训，志愿者不仅能够提升自身的能力，还能增强归属感和参与感，从而更积极地投入图书馆的各类活动中。同时培训的定期更新也确保志愿者能跟上时代的发展，掌握最新的技术和方法，为读者提供更优质的服务。

（二）志愿者在阅读推广活动中的具体实践

志愿者在阅读推广活动中可以承担多种角色，具体实践包括组织读书会、开展故事分享和图书推荐活动等。通过组织读书会，志愿者可以激发读者的兴趣，促进阅读交流。读书会不仅为读者提供了一个分享观点和讨论的平台，还能增强社区成员之间的联系，形成良好的阅读氛围。志愿者的积极参与使得读书会的氛围更加活跃，促进读者之间的互动与沟通。

在开展故事分享活动时，志愿者通过生动的讲述方式吸引孩子和青少年参与，提高他们的阅读兴趣。这种互动性活动能够激发读者的想象力和创造力，为他们营造一个愉快的阅读环境。志愿者还可以帮助图书馆策划和实施书籍推荐活动，通过个人化的推荐，帮助读者找到适合他们的书籍，提升阅读体验。通过与读者的互动，志愿者不仅在推广阅读方面发挥作用，还能帮助图书馆获取读者的反馈信息，从而不断调整和优化服务。

志愿者的实践不仅限于活动的组织与实施，还应注重对读者反馈的收集与分析。通过与读者的互动，志愿者能够更好地了解他们的需求和偏好，为图书馆改进服务提供宝贵的意见。这种反馈机制有助于持续优化阅读推广活动，提高服务质量。志愿者在这一过程中，能够与读者建立更深层次的信任关系，为后续的活动策划奠定基础。

（三）志愿者对社区阅读文化的影响

志愿者的参与不仅提升了图书馆的服务质量，还对社区的阅读文化产生了积极的影响。通过志愿者的努力，阅读推广活动能够更加贴近社区的实际需求，吸引更多居民参与到阅读活动中。志愿者能够利用自己的人脉和资源，发动更多社区成员加入阅读推广的行列，形成良好的阅读习惯。这种积极的参与感不仅促进了社区的阅读氛围，还加强了邻里之间的关系。

同时志愿者在推广阅读的过程中，能够帮助打破阅读的壁垒，尤其是在对弱势群体的支持方面。通过开展针对不同群体的阅读活动，如老年人阅读支持、青少年阅读辅导等，志愿者能够促进多元化的阅读文化发展。这种包容性的文化氛围，使得更多人能够体验到阅读的乐趣，提升整体社会文化素养。志愿者的参与还能够提高公共图书馆在社区中的知名度，进一步拓宽服务对象。

志愿者的积极参与和奉献精神能激励更多人关注和参与公共服务。通过阅读推广活动的成功案例，志愿者可以成为社区的榜样，鼓励更多人参与到志愿服务中。这种良性循环不仅提升了公共图书馆的社会影响力，还为社区营造了更加积极向上的文化氛围。社区成员在看到志愿者的努力和成就后，能够更加自愿地参与到社区活动中，共同建设一个富有文化底蕴的阅读环境。

志愿者在公共图书馆的阅读推广中发挥着不可或缺的作用，他们通过有效的招募与培训、积极的活动参与以及对社区文化的影响，推动着全民阅读的实现。图书馆应当充分认识志愿者的重要性，积极营造支持志愿者参与的环境，持续推动志愿服务的规范化和专业化。这不仅将增强图书馆的服务能力，还将进一步促进阅读文化的传播与发展，为建设学习型社会做出贡献。志愿者的工作不仅提升了公共图书馆的形象，还为社区的可持续发展奠定了基础。

三、图书馆人员与读者互动的有效性

图书馆人员与读者之间的互动是阅读推广的关键环节，这种互动不仅影响读者对图书馆的认同感和参与度，还直接关系到阅读推广活动的成效。通过有效的沟通与互动，图书馆人员能够更好地理解读者的需求，提供个性化的服务，从而促进阅读习惯的养成。在数字化时代，传统的面对面互动虽然依然重要，但与现代科技相结合的互动方式日益显现出其独特价值。通过线上与线下的多重互动模式，图书馆能够更广泛地吸引读者参与，形成良好的阅读氛围。这种互动不仅限于信息传递，还包括情感交流、知识分享和社群建设等多重维度。

（一）面对面互动的重要性

面对面互动是图书馆人员与读者交流的最直接方式，具有不可替代的优势。图书馆人员通过与读者的面对面交流，能够迅速获得反馈，了解读者的需求和兴趣。这种即时反馈机制有助于图书馆及时调整服务内容和活动形式，使其更加符合读者的期望和需求。面对面的互动可以增强人际关系，建立信任感，使读者在参与活动时感到更加舒适和自在。

在实际操作中，图书馆人员可以通过举办小型读者座谈会、开展一对一咨询等形式，促进与读者的直接交流。这种互动不仅可以为读者提供专业指导，还能为图书馆创造更好地服务环境。在这些交流中，图书馆人员可以引导读者参与更多的阅读活动，从而提升其阅读热情。同时面对面的交流也能够有效传递图书馆的价值观和服务宗旨，增强读者的归属感和认同感。通过深入的交流与互动，图书馆能够更好地构建与读者之间的长期关系，从而促进全民阅读的推广。

（二）线上互动的创新与发展

随着数字技术的快速发展，线上互动在图书馆的阅读推广中扮演着日益重要的角色。通过社交媒体、在线论坛和移动应用等平台，图书馆可以实现与读者的实时互动。这种互动不仅方便了读者获取信息，还为图书馆提供了丰富的用户数据，帮助其分析读者的行为和需求。线上互动的灵活性和便利性，使得更多读者能够在自己方便的时间参与到阅读活动中，极大地拓宽了阅读推广的覆盖面。

线上互动的有效性还体现在促进社群建设上，图书馆可以通过创建在线阅读小组或专题讨论区，让读者在数字空间中分享自己的阅读体验和感受。这样的社群互动增强了读者之间的联系，同时为图书馆提供了一个了解读者需求的有效渠道。通过定期举办线上讲座、书评分享等活动，图书馆能够持续吸引读者参与，保持阅读的热度和活跃度。线上互动的多样性和便捷性，使得图书馆能够在不同的阅读推广活动中灵活应对读者的需求，进一步提升服务的有效性。

（三）互动的情感维度与影响

互动不仅仅是信息的传递，更是情感的交流。在阅读推广中，图书馆人员通过与读者建立情感连接，可以更好地理解其需求和困惑。情感维度的互动使得图书馆不再是一个冰冷的知识传播机构，而是一个充满温度和关怀的学习社区。通过积极倾听和理解，图书馆人员能够营造出一种支持性的环境，让读者在学习和探索中感受到被尊重和被重视。

通过举办各种活动，图书馆人员可以激发读者的情感参与。分享会、读书会等活动可以让读者在互动中表达自己的想法和感受，增强其参与的主动性和积极性。这种情感层面的互动，能够有效提升读者对图书馆的忠诚度和满意度。在活动中，图书馆人员通过情感的共鸣与交流，能够更深入地影响读者的阅读态度，帮助他们建立持续的阅读习惯。这种情感互动提升了阅读推广的效果，为图书馆的长期发展奠定了基础。

图书馆人员与读者的互动在阅读推广中具有重要意义，面对面互动和线上互动的结合，使得图书馆能够更好地满足读者的需求，提升服务质量。情感维度的互动进一步增强了读者的参与感和归属感，有助于构建良好的阅读社区。通过持续优化互动方式，图书馆可以在促进全民阅读的过程中，发挥更大的作用。建立良好的互动机制，不仅有助于提升图书馆的服务能力，还为社区文化的繁荣与发展提供了支持。

四、阅读推广团队的管理与协调

有效的阅读推广团队管理与协调是实现公共图书馆阅读目标的关键环节。团队管理不仅涉及成员之间的任务分配和进度控制，还包括如何激励团队成员、促进团队合作以及与外部资源的对接。通过建立科学的管理机制和协调模式，图书馆能够提升阅读推广活动的质量与效果。团队的组织结构、工作流程以及沟通方式等都是影响团队效率的重要因素。科学的管理能够确保团队在面对复杂的阅读推广任务时，能够高效运作，灵活应对各种挑战，从而更好地服务于广大读者和社区。

（一）团队结构与角色分配的重要性

一个高效的阅读推广团队需要合理的组织结构与明确的角色分配。不同成员的职能定位能够有效促进团队的合作，确保每个成员在自己的职责范围内发挥最大的作用。在团队中，通常包括项目经理、推广专员、活动策划人员和志愿者等多种角色。项目经理负责整体协调，确保团队目标的实现；推广专员则侧重于宣传和推广工作，提升活动的知名度和参与度；活动策划人员负责设计和组织各类活动，吸引读者的参与；而志愿者则为团队提供必要的支持和补充力量。

为了实现团队的高效运作，必须定期进行角色评估与调整。随着阅读推广活动的变化和读者需求的多样化，团队结构也需要不断优化。通过明确每个角色的职责与任务，团队成员能够更清晰地了解自己的工作重点和目标，从而提高工作效率。跨部门协作也十分重要，阅读推广团队应与图书馆的其他部门保持密切联系，共享资源和信息，以便更好地服务读者。

（二）沟通机制的建立与优化

良好的沟通机制是提升团队效率的基础，阅读推广团队内部需要建立畅通的信息交流渠道，确保每位成员能够及时获取相关信息，并反馈工作进展。在团队管理中，定期召开会议是重要的沟通方式，团队成员可以在会议上分享工作进展、讨论问题并共同制定解决方案。这种面对面的沟通方式有助于增强团队凝聚力，提升工作效率。

除了定期会议，利用现代技术手段也是优化沟通机制的重要方式。通过项目管理软件和即时通讯工具，团队成员能够随时随地保持联系，实时更新工作状态。这种灵活的沟通方式能够加速信息传递，缩短决策时间。建立良好的反馈机制也至关重要，团队成员应鼓励彼此提出建议和意见，通过积极的反馈不断改进工作方法，从而提高整体工作质量。

（三）激励机制与团队文化建设

激励机制在团队管理中扮演着重要角色，能够有效提升团队成员的工作积极性和创造力。通过设置合理的激励措施，团队能够鼓励成员在阅读推广活动中发挥主动性和创新性。这些激励措施可以是物质奖励，也可以是精神激励，比如对优秀成员的表彰和宣传。

团队文化的建设同样不可忽视，良好的团队文化能够增强团队成员的归属感和凝聚力，形成共同的价值观和目标。通过组织团队建设活动，促进成员之间的交流与理解，增强团队的团结合作精神。阅读推广团队还可以定期进行培训，提升成员的专业素养与团队协作能力。通过培养积极向上的团队文化，图书馆能够在阅读推广工作中建立良好的氛围，提高团队的整体效能。

阅读推广团队的管理与协调对实现公共图书馆的阅读推广目标至关重要。合理的团队结构与角色分配，良好的沟通机制，以及有效的激励措施和团队文化建设，都是提升团队工作效率的重要因素。通过科学的管理与协调，图书馆能够在各类阅读推广活动中发挥更大的作用，推动全民阅读的深入开展。团队的高效运作不仅能更好地服务读者，还为图书馆的可持续发展奠定了基础。

第三章 公共图书馆数字化转型与阅读推广

第一节 数字图书馆的建设与发展

一、数字图书馆的起源与发展历程

数字图书馆的概念最早出现于20世纪90年代，随着互联网技术的发展与普及，图书馆的功能和服务模式也发生了深刻变化。数字图书馆不仅仅是传统图书馆的电子化延伸，更是信息传播方式的革命。数字图书馆的建立使得信息获取变得更加便捷，同时也推动了知识的传播与共享。随着技术的进步，各国公共图书馆逐渐认识到数字化的重要性，纷纷着手建设数字图书馆，以适应日益变化的信息需求和社会环境。通过对数字图书馆的起源和发展历程的探讨，可以更好地理解数字图书馆在现代社会中的重要角色以及其未来的发展趋势。

（一）数字图书馆的起源

数字图书馆的起源与信息技术的快速发展密切相关，最初的图书馆主要以纸质书籍为主，其信息获取方式受到物理空间的限制。20世纪80年代，计算机技术和网络的出现为信息的存储和传播带来了革命性的变革。最早的数字图书馆项目，如美国国立数字图书馆（National Digital Library Program），开始探索如何将纸质资源数字化，以便更好地满足用户的需求。这一阶段的数字图书馆主要以文献的数字化和存储为核心，旨在通过电子化手段提高信息的可获取性。

随着时间的推移，数字图书馆的概念逐渐演变为一个更为综合的信息服务平台。用户不仅能够获取文本资料，还能够访问音频、视频及多媒体资源。这种多元化的信息形式丰富了用户的阅读体验，打破了传统图书馆的空间限制。数字图

书馆的发展逐步向信息整合、服务个性化和用户参与方向拓展，形成了今天所熟悉的数字图书馆模式。（见表 3-1）

表 3-1　数字图书馆的发展历程

阶段	主要特征	信息获取方式	关键项目	用户体验
初始阶段	以纸质书籍为主，受物理空间限制	传统纸质书籍获取	美国国立数字图书馆项目	信息获取方式单一
计算机技术引入阶段	计算机和网络技术革命性变革	数字化资源获取	文献数字化与存储	提高信息的可获取性
多元化发展阶段	综合信息服务平台，访问音频、视频资源	多媒体资源获取	信息整合与个性化服务	丰富的阅读体验，用户参与感增强

（二）数字图书馆的发展历程

进入 21 世纪，数字图书馆的发展迎来了新的机遇与挑战。随着互联网技术的不断进步，数字图书馆开始实现资源的共享与跨馆合作，建立起更为广泛的信息网络。OCLC（在线计算机图书馆中心）推出的“世界猫”，成为全球最大的图书馆联合目录，为用户提供了便利的资源检索服务。此时数字图书馆不仅关注于资源的数字化，更加重视信息的组织和管理，推动了信息检索技术的发展。

与此同时，社交媒体和移动互联网的崛起对数字图书馆产生了深远影响，用户的阅读习惯和信息获取方式发生了显著变化，数字图书馆需要适应这种变化，以满足读者在不同场景下的需求。数字图书馆逐渐开始提供个性化服务，通过数据分析了解用户的偏好，从而推荐符合其兴趣的资源。开放获取（Open Access）运动的兴起，使得更多的学术资源得以免费访问，促进了知识的广泛传播。这一切标志着数字图书馆已经不仅仅是信息存储的地方，更是知识创造和分享的重要平台。

（三）数字图书馆的未来发展趋势

随着人工智能、大数据等新兴技术的发展，数字图书馆的未来将呈现出更加多样化的趋势。智能推荐系统的应用使得用户能够根据自己的需求更方便地获取信息，极大提升了阅读体验。同时虚拟现实（VR）和增强现实（AR）技术的应用也为数字图书馆带来了新的可能性，通过创造沉浸式的阅读环境，激发用户的阅读兴趣和探索欲。

在数字图书馆的管理与运营方面，智能化和自动化将成为重要的发展方向。通过数据分析与用户行为跟踪，图书馆能够优化资源配置，提升服务效率。数字图书馆的国际化发展趋势也日益明显，各国图书馆之间的合作与资源共享将进一步加强，推动全球知识的互通有无。数字图书馆不仅是信息获取的渠道，还是促进文化交流与社会发展的重要力量。

数字图书馆的起源与发展历程充分展示了技术进步对信息服务模式的深刻影响。从最初的文献数字化到如今的智能化、个性化服务，数字图书馆已成为现代公共图书馆不可或缺的一部分。未来数字图书馆将继续在知识传播和文化交流中发挥重要作用，通过不断创新和升级，更好地满足读者的需求，推动全民阅读的深入开展。

二、数字化阅读资源的优势

数字化阅读资源的迅猛发展，为公共图书馆的阅读推广提供了全新的机遇与挑战。这些资源不仅丰富了图书馆的馆藏形式，还改变了读者的阅读习惯与信息获取方式。数字化阅读资源包括电子书、在线期刊、音频书籍以及多媒体资料，能够在极大程度上满足不同用户群体的需求。数字化阅读的普及使得知识的传播更加便捷高效，同时也推动了全民阅读的深入开展。深入分析数字化阅读资源的优势，将有助于更好地理解其在公共图书馆服务中的重要性。

（一）提高信息获取的便利性

数字化阅读资源的最大优势在于其获取的便利性，传统图书馆的纸质书籍受到空间和时间的限制，读者常常需要花费大量时间在馆内查找和借阅书籍。而数字化阅读资源则可以通过互联网随时随地访问，无需前往图书馆。在数字图书馆平台上，用户只需简单地搜索，就能找到所需的资料，实现快速获取。这种便捷的访问方式尤其适合现代快节奏的生活，满足了人们对高效信息获取的需求。

数字化资源的多样性也进一步提升了获取信息的效率，用户不仅可以访问大量的书籍和期刊，还能通过音频、视频等多媒体形式获取信息，丰富了学习和阅读的体验。许多数字图书馆还提供了个性化推荐功能，根据用户的阅读历史和兴趣进行智能推送，使得用户在短时间内即可找到符合自己需求的资源。这种便捷的获取方式有效提升了读者的使用满意度，激发了他们的阅读兴趣。（见表 3-2）

表 3-2　数字化阅读资源的优势

优势	传统阅读资源比较	数字化阅读资源描述
获取的便利性	受空间和时间限制，需要在图书馆内花费时间查找和借阅	通过互联网随时随地访问，无需前往图书馆，简单搜索即可找到所需资料
获取速度	搜索和借阅过程耗时	快速获取，适合快节奏生活
资源的多样性	主要提供纸质书籍	提供书籍、期刊、音频、视频等多媒体形式，丰富阅读体验
个性化推荐功能	缺乏个性化服务	根据阅读历史和兴趣进行智能推送，快速找到符合需求的资源
用户满意度和兴趣激发	较低由于查找和借阅难度	便捷的获取方式和丰富的资源类型提高了使用满意度，激发阅读兴趣

（二）扩展阅读的多样性与灵活性

数字化阅读资源的另一大优势是能够扩展阅读内容的多样性和灵活性。传统纸质书籍的种类和数量受到物理空间的限制，而数字化资源可以极大地增加馆藏的丰富性。数字图书馆能够提供各种类别的阅读材料，包括文学、科学、技术、艺术等领域，满足不同读者的需求。同时数字化资源的更新速度也非常快，用户可以第一时间获取最新出版的书籍和期刊。

灵活的阅读方式是数字化资源的另一大特点，用户可以选择在不同的设备上进行阅读，无论是电脑、平板还是手机，均可实现无缝切换。许多数字图书馆提供了离线下载功能，用户可以提前下载所需的资源，在没有网络的情况下也能进行阅读。这种灵活性大大增强了读者的使用体验，适应了他们在不同场景下的阅读需求。

（三）促进知识的共享与传播

数字化阅读资源的优势还体现在促进知识的共享与传播上，传统图书馆的资源借阅往往受到地域限制，而数字化资源可以通过互联网实现跨地域的共享。用户无论身处何地，只需通过数字图书馆平台，就可以访问大量的知识和信息。这种便捷的共享机制不仅提高了知识的传播效率，还有助于推动全民阅读的普及。

数字化资源的开放获取政策使得更多的学术和研究成果能够被公众所接触。许多学术期刊和书籍通过开放获取的方式，允许读者免费访问，这一政策促进了学术知识的广泛传播与共享。数字图书馆既是知识的存储库，又是促进社会文化发展的重要平台。通过数字化阅读资源的推广，图书馆在推动公众知识水平提升和文化交流方面发挥了重要作用。

数字化阅读资源在公共图书馆的建设与发展中具有不可替代的优势。这些资源不仅提升了信息获取的便利性和阅读的多样性，还促进了知识的共享与传播。随着数字化技术的不断进步，数字图书馆将继续发挥其在全民阅读推广中的重要作用，为更多读者提供高质量的阅读服务。通过充分利用数字化资源，公共图书馆能够更好地适应时代发展的需求，推动社会文化的进步与发展。

三、数字图书馆的推广模式

数字图书馆的推广模式是数字化转型过程中至关重要的环节，影响着其服务的覆盖面和使用率。有效的推广模式能够吸引更多读者，提升资源利用率，推动全民阅读的深入开展。通过分析当前数字图书馆的多种推广模式，探讨如何更好地满足不同读者的需求，为公共图书馆的数字化转型提供有益的借鉴与参考。这些模式不仅包括线上营销和社区推广，还涵盖了与教育机构及社会团体的合作，形成一个多维度的推广网络，进一步提升数字图书馆的社会影响力。

（一）线上推广策略

数字图书馆在网络环境中运作，因而线上推广策略是提升其知名度和影响力的关键。借助社交媒体平台和数字营销工具，数字图书馆能够迅速接触到潜在用户。利用社交媒体的互动性和传播速度，图书馆可以发布新资源的信息、推荐热门书籍，并与用户进行有效互动，从而增强用户的参与感和归属感。通过创建专属的微信公众号或小程序，读者可以方便地获取信息、查询资源以及进行在线借阅，大幅提高了服务的便捷性。这种便捷的获取方式不仅吸引了新用户，还使现有用户更积极地参与到图书馆的活动中。

线上推广还可以结合数据分析，对用户行为进行深入研究。通过分析读者的访问记录和借阅习惯，数字图书馆可以更有针对性地推送个性化的内容，提高用户的满意度。利用大数据技术，图书馆可以识别出热点话题和阅读趋势，从而调整资源配置和推广策略，使推广更具针对性与有效性。这种数据驱动的方法使得数字图书馆能够动态响应读者的需求，进一步提升服务质量和用户体验。

（二）社区推广与合作

社区推广是数字图书馆传播知识、扩大影响力的重要方式。通过与当地社区合作，数字图书馆能够在更广泛的层面上宣传其服务。可以举办各种活动，如读书会、讲座、文化节等，邀请社区居民参与，提高他们对数字图书馆的认知度和参与度。这种面对面的互动形式能够建立起图书馆与读者之间的信任关系，吸引更多人加入数字图书馆的使用行列。社区活动的举办还可以增强图书馆在社区中的凝聚力，使其成为文化交流和知识传播的中心，进而提升全民阅读的整体氛围。

同时社区推广还可以与教育机构、文化组织等合作，开展联合活动。与学校合作开展阅读推广活动，能够将数字资源带入课堂，鼓励学生利用数字图书馆进行自主学习和研究。这种跨界合作不仅增强了数字图书馆的社会责任感，还提升了其在教育和文化传播中的地位，促进了全民阅读的氛围。通过与社区组织、非营利机构等建立合作关系，数字图书馆能够有效整合资源，实现共赢。

（三）技术驱动的创新模式

随着科技的发展，数字图书馆的推广模式也在不断创新。新技术的引入为数字图书馆带来了新的机遇。虚拟现实（VR）和增强现实（AR）技术的应用，可以创造出沉浸式的阅读体验，吸引年轻读者的关注。通过将传统书籍与数字技术相结合，读者能够在虚拟环境中探索书籍的内容，增强了阅读的趣味性和互动性。这种创新不仅能激发读者的阅读兴趣，还能帮助他们在互动中加深对书籍内容的理解。

移动应用程序的开发，使得数字图书馆的资源更易于访问。读者可以随时随地通过手机或平板电脑获取所需的数字资源，极大提高了使用的灵活性。推广中的应用也可以设计为游戏化，让用户在参与中学习，通过完成任务获得奖励，进一步增强用户的参与度和忠诚度。通过这种互动性和趣味性的结合，数字图书馆能够有效地吸引和留住用户，推动阅读推广活动的深入开展。

数字图书馆的推广模式对于其可持续发展至关重要。通过线上推广、社区合作以及技术创新等多种策略，数字图书馆能够更有效地吸引读者，提升资源利用率。这些推广模式不仅帮助数字图书馆在数字化转型中扎稳脚跟，还为促进全民阅读的实现提供了强大的支持。随着推广模式的不断发展与创新，数字图书馆将进一步发挥其在社会文化传播中的重要作用。

四、数字资源的有效管理

数字资源的有效管理是数字图书馆成功运营的核心要素之一。随着数字化进程的不断推进，各类电子书籍、期刊、音视频资料等数字资源大量涌现，如何在庞大的信息海洋中进行高效管理，成为了公共图书馆面临的重要挑战。有效的管理不仅有助于资源的合理配置和利用，还能提升读者的使用体验，促进全民阅读的推广。通过优化资源的存储、检索和维护流程，公共图书馆可以更好地服务于不同用户群体的需求，推动数字图书馆的可持续发展。

（一）资源的分类与组织

数字资源的分类与组织是管理的第一步，合理的分类系统可以帮助用户更快速地找到所需的信息。基于主题、类型和读者群体对资源进行多维度的分类，有助于构建清晰的资源索引体系。通过使用标准化的分类法，如杜威十进制分类法或图书馆分类法，图书馆能够确保资源在存储和检索时的一致性和可追溯性。这种系统化的管理方式不仅提高了资源的使用效率，还为后续的资源更新和维护奠定了基础。

在数字环境中，元数据的应用至关重要。对每一项数字资源进行详细的元数据标注，可以使得资源在检索时更加高效。元数据应包括资源的基本信息、内容摘要、作者、出版日期等，便于用户进行准确的搜索。数字图书馆可以借助数据挖掘技术，分析用户的检索习惯和需求，从而不断优化资源的分类和标签。这种动态管理模式使得资源分类系统能够适应不断变化的用户需求，提升用户的访问体验。

（二）资源的存储与维护

数字资源的存储与维护直接关系到资源的可用性和安全性，选择合适的存储平台和技术是确保数字资源长期可用的基础。云存储技术的应用为数字资源提供了灵活、安全的存储解决方案，具备良好的扩展性和备份功能，能够防止数据丢失和损坏。公共图书馆应当定期进行数据备份，确保在发生技术故障或自然灾害时，能够迅速恢复服务，保护用户的利益。

同时定期维护和更新数字资源也是管理的重要环节。随着时间的推移，某些资源变得过时或不再适用，定期审查和淘汰不必要的资源，有助于保持馆藏的活力和相关性。更新不仅包括添加新资源，还应关注技术的升级与优化。通过跟踪技术发展和用户反馈，公共图书馆能够及时调整其数字资源的构成，使之更加符合读者的需求和时代的发展。

（三）用户培训与支持

用户培训与支持是有效管理数字资源的重要组成部分，即使资源丰富，用户若不知如何使用，也无法充分发挥资源的价值。因此，公共图书馆应为用户提供系统的培训，帮助他们掌握数字资源的检索和使用技巧。可以通过举办讲座、工作坊、在线教程等形式，普及数字资源的使用方法和技巧，提高读者的信息素养。

图书馆应设立专业的咨询服务，提供即时的技术支持，解答用户在使用过程中遇到的问题。通过建立用户反馈机制，收集读者的意见和建议，图书馆能够不断改进服务，提高用户的满意度。这种双向互动的关系，不仅增强了读者对数字资源的使用积极性，还为数字图书馆的持续改进提供了有价值的数据支撑。

数字资源的有效管理是数字图书馆提升服务质量和用户体验的重要保障。通过资源的科学分类、合理存储和维护，以及用户培训与支持，公共图书馆能够更好地发挥数字资源的价值，促进全民阅读的广泛开展。随着技术的发展，数字图书馆的管理模式也将不断创新，适应日益变化的用户需求，为推动公共文化服务的普及和提升作出贡献。

第二节　数字技术对阅读推广的影响

一、互联网与数字技术的发展

互联网与数字技术的迅猛发展，彻底改变了信息获取与传播的方式，尤其是在阅读推广领域。随着网络的普及，数字资源的丰富性和可获取性显著提升，使得读者在选择和使用阅读材料时有了更多的可能性。公共图书馆作为文化传播的重要机构，在此背景下，必须积极适应这一变化，以便更好地服务于读者，推广全民阅读。数字技术不仅拓展了图书馆的服务范围，还促使图书馆重新思考其资源配置、服务模式与读者互动方式。

（一）数字资源的丰富性与可及性

数字技术的进步使得数字资源的种类与数量大幅增加，涵盖了电子书、在线期刊、音频书、视频资料等多种形式。这些资源可以随时随地访问，消除了传统纸质书籍在空间和时间上的限制。读者不再局限于到馆借阅实体书籍，能够通过网络随时获取所需的知识。这种便捷性促使越来越多的人参与到阅读中来，尤其是年轻一代，他们对数字技术的适应能力更强，能够迅速融入数字阅读环境。

公共图书馆应充分利用这一趋势，积极建设数字馆藏，确保资源的多样性与更新速度。在资源配置上，图书馆需要关注读者的需求变化，结合流行趋势，不断丰富数字资源的种类与内容。通过与出版商、数据库提供商的合作，图书馆能够引进高质量的数字资源，满足读者的多样化需求，增强其吸引力。

（二）数字技术推动的阅读方式转变

互联网与数字技术的迅猛发展，促成了阅读方式的多元化。传统的阅读方式主要依赖纸质书籍，而数字阅读则提供了更多选择，包括电子书、音频书和视频讲座等。这种多样性为读者带来了更为灵活的阅读体验，能够根据个人的习惯与需求选择适合的方式。数字阅读的互动性也显著增强，读者能够通过评论、分享等方式与他人进行交流，形成更为丰富的阅读社区。

图书馆在推广数字阅读时，应注重引导读者探索不同的阅读形式，提供相关的培训与支持。通过组织线上读书会、分享会等活动，图书馆能够营造良好的阅读氛围，激发读者的阅读兴趣。借助社交媒体平台，图书馆可以与读者建立更紧密的联系，定期推送阅读推荐和活动信息，从而提高数字资源的使用率和读者的参与度。

（三）数字技术对阅读推广策略的影响

数字技术的广泛应用使得阅读推广的策略和手段发生了深刻变化。传统的推广方式多依赖于线下活动与纸质宣传，而数字化转型为图书馆提供了更多创新的推广渠道。通过建立官方网站、微信公众号等在线平台，图书馆能够直接与读者沟通，分享最新的资源和活动信息，及时回应读者的需求和反馈。这种互动性不仅增强了读者的参与感，还提高了推广活动的效率。

与此同时数据分析技术的应用使得图书馆能够更精准地了解读者的偏好和行为。这种数据驱动的策略，能够帮助图书馆在进行资源配置和活动策划时做出更科学的决策。通过分析借阅数据、在线访问记录等，图书馆能够发现读者的潜在需求，并相应地调整推广策略，以更好地服务于不同的用户群体，增强阅读推广的针对性和有效性。

互联网与数字技术的发展，对公共图书馆的阅读推广产生了深远的影响。数字资源的丰富性与可及性，推动了阅读方式的转变，并促使图书馆在推广策略上进行创新。公共图书馆应积极适应这一变化，利用数字技术提升服务质量，扩大阅读推广的覆盖面，真正实现全民阅读的目标。未来数字技术将继续驱动图书馆的变革，为读者提供更加优质和便捷的服务。

二、电子书与传统书籍的对比

随着数字技术的发展，电子书在阅读推广中扮演着越来越重要的角色。这一变化不仅影响了读者的阅读习惯，还对公共图书馆的服务模式提出了新的要求。电子书与传统书籍在多个方面存在显著差异，包括获取方式、阅读体验、传播速度等。这些差异使得两者在推动全民阅读的过程中各具优势与不足，深入分析电子书与传统书籍的对比，有助于图书馆在资源配置和服务创新上做出更为精准的决策，从而更好地服务读者，促进阅读的普及。

（一）获取方式与便利性

电子书的获取方式与传统书籍存在显著不同，传统书籍通常需要到图书馆或书店购买或借阅，受限于时间与地点的限制，往往不够便利。而电子书则可以通过网络平台进行在线购买或借阅，读者可以在任何时间、任何地点随时下载并阅读。这种便利性使得读者能够更加灵活地选择阅读材料，极大地提高了获取知识的效率，尤其是在疫情期间，电子书的优势更为明显。对于忙碌的现代人来说，电子书的便捷性尤为重要，可以帮助他们在繁忙的生活中仍能保持阅读习惯。

公共图书馆在推广阅读时，应充分利用这一优势，积极推动电子书的借阅服务。通过建立用户友好的数字图书馆平台，提供简单明了的下载和阅读指南，图书馆能够有效吸引更多读者使用电子书资源。同时定期组织电子书推荐活动，引导读者了解最新的电子书出版物，能够进一步提升读者的使用率，促进数字阅读的普及。图书馆还可以通过与学校和社区合作，开展电子书阅读活动，增加电子书的曝光率，拓展其受众基础。

（二）阅读体验与个性化

在阅读体验方面，电子书与传统书籍的差异同样明显。传统书籍以其纸质的质感和翻页的仪式感，给读者带来独特的阅读体验。这种体验不仅体现在视觉和触觉上，还涉及心理上的满足感与情感共鸣。然而电子书在个性化设置上具有无可比拟的优势。读者可以根据个人喜好调整字体大小、背景色、行间距等，甚至可以使用内置的字典和翻译工具，增强阅读的便捷性。这种个性化的选择使得电子书更适合不同需求的读者，特别是在多样化的文化背景和阅读习惯下。

尽管电子书在个性化方面表现出色，但传统书籍的沉浸感和专注力仍难以替代。图书馆应在推广阅读时，平衡这两者的优缺点。可以通过设置安静的阅读区域，鼓励读者在舒适的环境中享受传统书籍带来的阅读乐趣。同时在数字平台上提供个性化的阅读建议和书单，帮助读者找到适合自己的电子书，提高他们的阅读满意度。图书馆还可以组织读书分享会，鼓励读者在互动中交流各自对纸质书和电子书的感受，增强社区的阅读氛围。

（三）传播速度与更新频率

电子书的传播速度和更新频率远超传统书籍，随着网络技术的普及，电子书能够迅速传播到全球各地，读者不再受限于书籍的物理库存。新书出版后，电子版本往往可以在短时间内上线，使读者能够第一时间获取最新的阅读材料。这种快速响应的能力，有助于图书馆及时更新其数字资源，满足读者对新知识的渴求。电子书的低成本复制特性，使得图书馆能够在不增加物理空间负担的情况下，扩大其馆藏量，从而提供更丰富的阅读选择。

公共图书馆应利用电子书的传播优势，加强与出版商和内容提供商的合作，确保其数字馆藏始终保持新鲜与丰富。通过建立实时更新的电子书借阅系统，图书馆能够在第一时间向读者推荐新书和热门书籍，进一步提高数字资源的使用率。同时结合社交媒体的力量，图书馆可以通过线上活动和互动，营造读书氛围，激励读者参与到最新书籍的讨论中。图书馆还可以与教育机构合作，开展电子书的推广活动，吸引更多的年轻读者和学生群体参与。

电子书与传统书籍在获取方式、阅读体验和传播速度等方面存在明显差异。两者各有优势，电子书凭借其便捷性和个性化设置，在现代阅读推广中展现出强大的潜力。然而传统书籍所带来的阅读体验和文化价值仍不可忽视，公共图书馆在推进阅读时，需灵活结合这两种媒介的特点，以满足不同读者的需求，推动全民阅读的深入发展。通过有效的资源配置和创新的服务模式，图书馆能够在数字化转型中发挥更大作用，推动阅读文化的传承与创新。

三、社交媒体对阅读推广的促进作用

社交媒体的兴起彻底改变了信息传播的方式，特别是在阅读推广领域。公共图书馆可以利用社交媒体平台与读者建立更紧密的联系，增加阅读活动的参与度。通过社交媒体，图书馆能够实时分享资源、组织活动、提供阅读建议，并与读者进行互动。这种互动不仅能激发读者的兴趣，还能提高他们的阅读动力。社交媒体的优势在于其广泛的覆盖面和及时性，使得图书馆的阅读推广活动能够触及更大范围的受众，从而推动全民阅读的进程。

（一）社交媒体作为阅读推广平台的优势

社交媒体为公共图书馆提供了一个全新的阅读推广平台，能够在短时间内触达大量受众。平台如 Facebook、Twitter、Instagram 等，不仅适合发布信息，还允许图书馆通过视觉内容、视频和直播等形式与读者互动。这种多样化的内容形式能够吸引不同年龄和背景的读者，促使他们关注和参与图书馆的活动。同时社交媒体的即时性使得图书馆能够快速回应读者的需求和反馈，及时调整服务策略。

通过有效的社交媒体策略，图书馆可以定期发布新书推荐、活动预告、读书挑战等内容，以激发读者的兴趣。图书馆还可利用社交媒体平台与其他机构和社群进行合作，通过联名活动扩大影响力。邀请当地作家进行线上签售或读书分享，通过互动吸引读者参与，增强社区的阅读氛围。同时图书馆可以创建专属的社交媒体小组，鼓励读者在平台上分享阅读体验，互相推荐书籍，形成良好的互动和讨论环境。

（二）社交媒体促进读者互动与参与

社交媒体平台为读者之间提供了良好的互动空间，读者不仅可以分享个人的阅读体验，还可以进行意见交流和书籍推荐。这种互动不仅增加了阅读的乐趣，还形成了一种积极的阅读社区。通过读者之间的互动，能够产生共鸣，激发他们对书籍的兴趣，进一步促进阅读活动的开展。社交媒体的评论、分享和点赞功能也使得读者的声音能够被广泛传播，增加了他们在阅读推广中的参与感和归属感。

公共图书馆可以利用这一点，鼓励读者在社交媒体上分享自己的阅读心得和书评。定期举办线上读书活动，如读书打卡、书籍评比等，激励读者积极参与。图书馆还可以选取一些读者分享的优秀书评，在其官方社交媒体上进行宣传，这不仅能提高读者的参与热情，还能增强图书馆的亲和力和影响力。通过营造这种互动氛围，公共图书馆能够有效地提高阅读活动的参与率，推动全民阅读的深入开展。

（三）社交媒体的数据分析与反馈机制

社交媒体还为公共图书馆提供了丰富的数据分析工具，通过对读者行为和偏好的分析，图书馆可以更好地了解受众需求。这些数据包括受欢迎的书籍类型、活动参与情况、用户反馈等，为图书馆的资源配置和服务优化提供了重要依据。通过分析社交媒体上的互动数据，图书馆能够识别出受欢迎的阅读主题和趋势，从而调整馆藏和活动方向，确保满足读者的实际需求。

利用社交媒体数据分析，图书馆还可以开展定期的用户满意度调查，了解读者对图书馆服务的意见和建议。这种反馈机制不仅能促进图书馆的持续改进，还能提升读者的忠诚度。通过积极采纳读者的建议，图书馆可以增强服务的针对性和有效性。社交媒体还可以用作宣传工具，分享图书馆的改进和变化，让读者感受到他们的声音被重视，从而激励他们进一步参与到图书馆的活动中。

社交媒体在阅读推广中发挥着不可忽视的作用，其广泛的传播能力和互动性使得公共图书馆能够更好地与读者沟通。通过社交媒体，图书馆不仅可以提高资源的可见性，还能激发读者的参与热情，增强社区的阅读氛围。有效利用社交媒体的数据分析和反馈机制，能够为图书馆的服务创新和资源优化提供有力支持，从而推动全民阅读的实现。在数字化转型的背景下，公共图书馆应积极探索社交媒体的多种应用形式，以适应时代发展的需求。

四、大数据在阅读行为分析中的应用

大数据技术的迅速发展为公共图书馆的阅读推广提供了新的机遇。通过收集和分析读者的阅读行为数据，图书馆能够更深入地理解读者的需求、偏好以及阅读习惯。这种基于数据的分析不仅能够优化图书馆的资源配置，还能制定更有针对性的阅读推广策略。借助大数据，公共图书馆可以实现个性化服务，提升读者的参与感和满意度，从而更有效地推动全民阅读的实现。大数据的应用，标志着图书馆在数字化转型过程中迈向了一个新的高度。

（一）大数据技术的基础与应用现状

大数据技术基于大规模数据集的处理能力，能够从海量信息中提取有价值的见解。在公共图书馆中，大数据的应用主要体现在对读者行为的监测与分析。通过借阅记录、在线查询、活动参与等数据，图书馆能够获取关于读者的详细信息，包括阅读频率、喜好类型、活跃时间段等。这些数据不仅包括借阅数据，还涵盖了社交媒体互动、网站访问行为等，形成了多维度的读者画像。

数据的可视化处理使得图书馆能够直观地观察到阅读行为的变化趋势与特征。利用数据分析工具，图书馆可以发现哪些书籍最受欢迎、哪些阅读活动参与率高，从而为后续的资源采购和活动安排提供科学依据。同时通过对不同读者群体的分析，图书馆能够识别出特定人群的需求，进而设计更具针对性的推广策略，以提升阅读活动的参与度和有效性。

（二）大数据在个性化服务中的应用

大数据的核心价值在于个性化服务的实现，通过对读者行为的深入分析，图书馆能够为每位读者提供量身定制的阅读推荐。这种个性化推荐不仅基于借阅历史，还结合了读者的兴趣和社交互动，形成更加精准的推荐系统。借助机器学习和人工智能技术，图书馆能够不断优化推荐算法，使之随着读者行为的变化而不断调整。

通过个性化服务，公共图书馆能够有效提升读者的满意度和忠诚度。读者在获得符合自身兴趣的书籍推荐时，更容易产生阅读动机，从而提升阅读量。个性化的阅读建议可以引导读者探索新的领域，扩展他们的阅读视野，进一步促进阅读习惯的养成。图书馆还可以通过数据反馈，了解个性化推荐的效果，不断改进服务策略，以更好地满足读者需求。

（三）数据分析对阅读推广策略的影响

大数据分析为公共图书馆的阅读推广策略提供了重要的指导依据。通过对读者行为的系统分析，图书馆能够明确哪些阅读推广活动更能吸引读者参与，哪些资源配置更能满足读者需求。这种数据驱动的决策过程使得阅读推广更加科学化和系统化，从而提高了推广的有效性。

通过分析不同时间段、不同活动形式的参与情况，图书馆可以识别出最受欢迎的活动类型，及时调整阅读推广的策略和重点。若发现某一类书籍的借阅量激增，图书馆可以考虑举办相关的主题活动，以进一步推动该书籍的阅读热潮。借助大数据，图书馆能够建立反馈机制，实时监测阅读推广活动的效果，快速响应读者的变化需求，确保推广活动始终与读者的兴趣相契合。

大数据技术为公共图书馆的阅读推广带来了深远的影响。通过对读者行为的系统分析，图书馆能够实现个性化服务，提高读者的参与度和满意度。数据驱动的决策过程使得阅读推广更加科学化，确保资源配置和活动策划能够更好地满足读者需求。在数字化转型的背景下，公共图书馆应积极探索大数据的应用，不断优化服务，以推动全民阅读的深入开展。这一过程不仅提升了图书馆的服务能力，还为建设学习型社会奠定了坚实基础。

第三节　数字阅读推广的创新路径

一、线上线下融合的阅读推广策略

随着数字化进程的加速，公共图书馆的阅读推广面临新的挑战与机遇。线上线下融合的阅读推广策略为图书馆创造了更为丰富的服务形式，充分利用互联网和数字技术，拓展阅读推广的渠道与方式。这一策略不仅可以增强读者的参与感，还能够有效提升阅读推广活动的影响力和覆盖面。在数字阅读日益普及的背景下，公共图书馆应积极探索线上线下融合的推广模式，以满足不同读者的需求，推动全民阅读的深入发展。

（一）线上推广的多样化渠道

数字化背景下，线上推广为公共图书馆提供了多样化的渠道。社交媒体、电子邮件、在线阅读平台等都成为图书馆传播信息的重要工具。社交媒体平台如微信、微博等，允许图书馆与读者进行实时互动，及时传达活动信息和阅读推荐。通过内容的分享与传播，图书馆不仅能够吸引更多读者的关注，还能够营造出良好的阅读氛围。

线上推广的一个关键是内容的创造与分享，图书馆可以通过制作高质量的图文、视频内容来吸引读者兴趣。通过开展线上读书会、作者讲座等活动，不仅可以增加读者的参与感，还能提升他们的阅读体验。数字平台的互动性使得读者能够分享自己的阅读感受，形成良好的读书社区，从而促进书籍的传播与阅读。

在阅读推荐方面，图书馆可以根据读者的借阅历史和偏好，利用大数据技术提供个性化的书单。这种基于数据的精准推送，不仅提升了阅读的针对性，还使得读者能够接触到更多符合其兴趣的书籍，激发他们的阅读热情。通过多样化的线上渠道，公共图书馆能够更加灵活地应对不同读者的需求，增强阅读推广的有效性。

（二）线下活动的体验式推广

线下活动是阅读推广中不可或缺的一部分，通过举办丰富多彩的活动，图书馆能够吸引更多的读者参与。书籍推荐会、阅读马拉松、亲子阅读活动等都可以作为线下推广的重要形式。这些活动不仅为读者提供了面对面交流的机会，还能够在轻松愉快的氛围中提升他们的阅读兴趣。

体验式推广强调读者的参与感与互动性，图书馆可以通过设计互动环节让读者积极参与。在书籍推荐会中，读者可以分享自己喜欢的书籍和阅读体验，这不仅能促进读者之间的交流，还能让他们感受到共同的阅读乐趣。同时通过结合主题活动，图书馆能够营造出特定的阅读氛围，使得参与者更加投入。

在进行线下活动的同时图书馆还应注重与线上平台的结合，在线下活动结束后，可以通过线上平台分享活动的精彩瞬间，让未能参与的读者也能感受到活动的魅力。这种线上线下结合的方式既拓宽了活动的影响范围，又提高了读者对图书馆的认同感与归属感。

（三）线上线下融合的推广策略的优势

线上线下融合的推广策略为公共图书馆提供了独特的优势，能够更有效地推动阅读的普及与推广。通过将线上线下的优势相结合，图书馆能够实现资源的最优配置，提升服务的灵活性和适应性。线上推广可以突破时间和空间的限制，让更多的读者了解到图书馆的资源与活动，而线下活动则能增强阅读的社交属性，提升读者的参与感和互动性。

融合策略还能够为图书馆带来新的读者群体，通过线上推广，图书馆可以吸引到一些不常到馆的读者，提供他们所需的服务与信息。而线下活动则能够为这些线上读者提供一个实地体验的机会，使他们更深入地了解图书馆的资源与服务。随着线上线下的不断融合，图书馆能够建立起更为全面的读者关系，增强他们的忠诚度。

线上线下融合的阅读推广策略为公共图书馆的发展提供了新的思路与方向。通过灵活运用数字技术，图书馆能够拓展阅读推广的渠道与方式，提升服务的针对性与有效性。在这个过程中，图书馆不仅需要注重线上内容的丰富与传播，还要加强线下活动的策划与执行。通过不断探索与创新，公共图书馆能够在数字化转型中更好地发挥自身的功能，推动全民阅读的深入开展。

二、移动终端在阅读推广中的应用

移动终端的迅速普及为公共图书馆的阅读推广带来了全新的机遇。智能手机、平板电脑等设备使得读者可以随时随地访问图书馆的资源和服务，极大地提升了阅读的便利性和灵活性。通过合理应用移动终端，图书馆不仅能够扩大阅读推广的范围，还能提升读者的参与度与满意度。在数字化转型的背景下，探索移动终端在阅读推广中的有效应用策略，对于推动全民阅读具有重要意义。

（一）移动阅读应用的开发与推广

移动阅读应用的开发是促进阅读推广的关键环节，图书馆可以根据读者的需求，设计并推出功能丰富的移动阅读应用，提供电子书籍、期刊、报纸等多种数字资源的在线阅读。通过用户友好的界面和便捷的操作，读者可以方便地浏览和借阅各类数字内容，提升其阅读体验。

除了基础的图书借阅功能，移动阅读应用还可以整合社交分享、书评推荐、阅读记录等多种功能。读者能够在平台上分享自己的阅读心得，参与书籍的讨论，从而形成良好的阅读社区。这样的社交属性不仅增强了读者的互动感，还为图书馆提供了更多的读者反馈，帮助其优化服务与资源配置。

同时针对不同年龄层和阅读习惯的读者，图书馆应开发多样化的移动应用，满足不同用户的需求。针对青少年读者，可以设计趣味性的阅读游戏，吸引他们的注意力；对于成人读者，则可以提供专业的学术资源和工具，支持他们的学习与研究。通过精准的应用开发，图书馆能够有效提升读者的满意度与使用频率。

（二）数字内容的丰富与个性化推送

在移动终端的应用中，数字内容的丰富性和个性化推送是吸引读者的重要因素。图书馆应积极整合各类数字资源，提供多样化的内容选择，确保读者可以找到符合其兴趣和需求的书籍。通过与出版商、内容提供商的合作，图书馆可以不断更新和扩展其数字资源库，提升服务的全面性。

个性化推送是移动阅读的另一大优势，图书馆可以基于读者的借阅历史和偏好，利用大数据分析技术，向读者推荐符合其兴趣的书籍和资源。这种精准的内容推送不仅提升了阅读的针对性，还能够激发读者的阅读热情，鼓励他们探索更多的新书和新知。图书馆可以通过定期推送电子新闻信息、主题推荐等方式，与读者保持密切联系，增强其对图书馆的认同感。在丰富数字内容的同时图书馆也应注重内容的质量。通过组织读者投票、书评活动等方式，收集读者对各类数字资源的评价，从而确保提供的内容既符合读者的期望，也具备一定的专业性与权威性。这种内容的质量保证将有助于提升读者的使用体验，增强他们的忠诚度。

（三）移动终端与阅读推广活动的结合

移动终端的普及为阅读推广活动的开展提供了新的契机，图书馆可以通过移动设备组织各类线上线下结合的阅读推广活动。开展移动阅读挑战赛，鼓励读者在一定时间内阅读特定数量的书籍，并通过移动应用记录和分享他们的阅读进度与感想。这样的活动不仅能提高读者的参与度，还能增加其对图书馆的认同感。

在阅读推广活动中，图书馆还可以利用移动终端进行实时反馈与互动。通过推送活动通知、收集参与者的意见和建议，图书馆能够及时了解读者的需求与体验，从而优化后续活动的设计与实施。线下活动结束后，可以通过移动平台发布活动回顾，展示参与者的精彩瞬间，进一步提升活动的影响力。

通过结合移动终端的技术优势，公共图书馆能够更有效地推动阅读推广活动的开展，实现线上线下的深度融合。这样的策略不仅能够拓展活动的覆盖面，还为读者提供了更多的参与机会，推动全民阅读的深入发展。

移动终端在阅读推广中的应用为公共图书馆带来了新的发展机遇。通过开发丰富的移动阅读应用、提供个性化的数字内容推送、结合移动设备开展多样化的阅读推广活动，图书馆能够更好地满足读者的需求，提升其阅读体验。在数字化转型的背景下，公共图书馆应充分利用移动终端的优势，推动全民阅读的持续发展，打造更加开放与包容的阅读环境。

三、虚拟现实与增强现实在阅读中的应用

虚拟现实（VR）与增强现实（AR）技术的快速发展，为公共图书馆的阅读推广提供了新的创新路径。这些技术能够将传统阅读体验与数字化互动相结合，为读者创造沉浸式的阅读环境。通过虚拟现实，读者不仅可以在虚拟空间中与书籍的内容进行深度互动，还能够在视觉与听觉上获得全新的体验。增强现实则通过在现实环境中叠加数字信息，使得阅读内容更为生动有趣。随着这两种技术的普及，图书馆能够更有效地吸引读者，提升他们的阅读兴趣，从而推动全民阅读的普及。

（一）虚拟现实技术在阅读体验中的应用

虚拟现实技术通过模拟真实环境，为读者提供了全新的阅读方式。在公共图书馆中，虚拟现实可以用于创建多维度的阅读场景，使得读者能够身临其境地体验书籍内容。通过VR设备，读者可以进入小说的故事世界，亲身体验主人公的冒险历程，这种身临其境的体验大大增强了阅读的趣味性和参与感。针对一些历史类或科普类书籍，图书馆可以设计相关的虚拟现实场景，让读者在虚拟环境中探索古代文明或科学实验。通过这种方式，读者不仅可以获取知识，还能通过互动体验来深化对书籍主题的理解。

除了增强体验，虚拟现实还为阅读推广活动提供了新的形式。图书馆可以组织VR阅读会，邀请读者共同参与，通过虚拟现实技术进行互动式的书籍讨论和分享。这样的活动不仅能吸引更多读者参与，还能促进他们之间的交流，建立更紧密的阅读社群。在这些活动中，读者可以分享自己的见解和体验，增强彼此的互动感。借助虚拟现实的技术优势，图书馆能够打破时空限制，创造更具吸引力的阅读体验，进而推动图书馆的文化交流和知识传播。

（二）增强现实技术在阅读推广中的创新应用

增强现实技术通过将数字信息与现实世界相结合，为读者提供了互动性强的阅读体验。在公共图书馆中，增强现实可以用于丰富传统图书的内容。通过专门的APP，读者可以在书籍上扫描特定的图案，获取与书籍内容相关的音频、视频和动画等多媒体信息。这种形式不仅能够激发读者的兴趣，还能帮助他们更好地理解书籍中的复杂概念。通过多媒体的辅助，读者在阅读时能够获得更全面的信息，进而加深对书籍内容的理解。

增强现实也可以被应用于阅读推广活动中，图书馆可以组织AR寻宝活动，读者通过扫描特定的图书或图标，完成任务以获取奖励。这种互动性强的活动形式，能够吸引年轻读者和儿童的参与，培养他们的阅读习惯。在活动中，图书馆可以引入更多的文化元素，通过增强现实展示与书籍相关的历史故事或文化背景，增强读者的阅读体验和知识面。这种结合文化与技术的方式，使得阅读不仅仅限于书本，而是拓展为一种多元化的体验。

（三）VR 与 AR 结合的综合应用及未来展望

结合虚拟现实与增强现实的技术优势，公共图书馆能够设计出更加丰富多彩的阅读体验。在这一模式下，读者可以在 VR 环境中进行深度阅读，同时利用 AR 技术获取即时的信息反馈。读者在虚拟环境中探索某一书籍时，可以通过增强现实技术实时获取相关背景知识或作者介绍，增强阅读的深度与广度。这种结合能够将传统的线性阅读模式转变为互动性、探索性更强的学习体验，进一步激发读者的兴趣。

虚拟现实与增强现实的结合应用将为公共图书馆的数字化转型提供更为广阔的空间。随着技术的不断进步和设备的普及，图书馆可以借助这些新兴技术进行更深入的阅读推广和文化传播。通过不断探索和实践，公共图书馆将能够创造出更具吸引力的阅读环境，满足不同读者的需求，推动全民阅读的持续发展。同时未来的技术整合促使图书馆与教育机构、文化组织的更紧密合作，共同推动阅读文化的普及。

虚拟现实与增强现实技术在公共图书馆的应用，为阅读推广提供了创新的解决方案。这些技术不仅能丰富读者的阅读体验，还能够吸引更多的参与者，促进阅读兴趣的提升。通过虚拟现实的沉浸式体验与增强现实的互动性，公共图书馆能够打破传统阅读的局限，创造出更具活力和吸引力的阅读环境。随着技术的不断进步，公共图书馆在未来将能更好地推动全民阅读，实现数字化转型的目标。

四、基于用户反馈的精准化推广

在数字化时代，公共图书馆面临着前所未有的机遇与挑战。精准化推广成为提升阅读参与度和用户满意度的重要策略。通过收集和分析用户反馈，图书馆能够更加清晰地理解读者的需求与偏好，从而制定相应的推广策略。这种基于数据的决策方法不仅能够提高阅读活动的针对性，还能有效提升资源的利用效率，增强读者的黏性。在这一过程中，技术的应用和数据分析能力显得尤为重要，它们为图书馆提供了实现精准化推广的基础。

（一）用户反馈收集的多样化手段

公共图书馆可以通过多种途径收集用户反馈，以获得更全面的读者意见和建议。这包括在线问卷调查、社交媒体互动、读者访谈等多种方式。在线问卷调查能够覆盖到更多的读者，通过设置简洁明了的问题，快速收集到关于阅读偏好、活动满意度等方面的信息。社交媒体平台的使用，使得读者可以随时随地表达对图书馆活动的看法与建议，这种即时性与互动性能够更好地激发用户参与感。面对面的读者访谈提供了深入了解用户需求的机会，图书馆工作人员可以通过交流，获取更加细致和真实的反馈信息。

在用户反馈的收集过程中，图书馆还应注重保护用户隐私与数据安全。建立透明的反馈机制，确保读者在参与反馈时能够感受到安全和信任，这将鼓励更多读者分享他们的真实想法。通过多样化的手段收集用户反馈，公共图书馆不仅能够丰富数据来源，还能为后续的推广策略制定奠定坚实的基础。

（二）数据分析与需求挖掘的有效性

在收集到用户反馈后，数据分析成为精准化推广的重要环节。通过对反馈数据进行整理与分析，图书馆可以识别出读者的阅读习惯、兴趣倾向以及对活动的真实评价。这一过程不仅涉及数量分析，还包括质性分析，帮助图书馆从多角度解读用户需求。数据分析可以揭示某一类型图书的借阅率，或者某类活动的参与度，从而为未来的书籍采购和活动策划提供依据。

数据挖掘技术的应用，使得公共图书馆能够更有效地发现潜在的用户需求。利用机器学习技术，图书馆可以分析用户的借阅历史、活动参与记录等，构建用户画像，进而为不同类型的读者提供个性化的推荐服务。通过这些精准的需求挖掘，图书馆不仅能够提升读者的满意度，还能够促进更多的用户参与到阅读活动中来，形成良性循环。

（三）精准化推广策略的实施与评估

在用户反馈与数据分析的基础上，公共图书馆需要制定针对性的推广策略。

精准化推广的关键在于根据不同读者的需求，设计出个性化的阅读活动与推荐服务。对于年轻读者，可以组织以流行文学和新媒体为主题的活动；而对于老年读者，则可以提供经典文学的阅读分享会。通过这样的分类推广，图书馆能够更好地满足不同用户群体的需求，提升活动的参与度和满意度。

实施精准化推广策略后，图书馆还需建立评估机制，以监测推广效果和用户反馈。通过定期分析推广活动的参与情况与用户评价，图书馆能够及时调整策略，以更好地适应用户需求的变化。评估机制不仅能够帮助图书馆总结经验与教训，还能促进信息的流通与共享，为未来的活动策划提供有价值的参考。

基于用户反馈的精准化推广为公共图书馆的数字化转型提供了重要路径，通过多样化的反馈收集方式，结合数据分析与需求挖掘，图书馆能够制定出更符合读者需求的推广策略。这种以用户为中心的方式，不仅提升了阅读活动的吸引力和参与度，还能够有效增强用户的归属感与满意度。未来公共图书馆需持续优化反馈机制和数据分析能力，以应对不断变化的阅读市场，实现全民阅读的长远目标。

第四节　数字化阅读推广的挑战与应对

一、信息过载对阅读习惯的影响

信息过载现象在数字化时代日益严重，公共图书馆在推广阅读的过程中面临着前所未有的挑战。随着信息技术的迅速发展，各类数字内容的涌现使得读者可以接触到几乎无限的阅读资源。然而这种信息的丰富性也导致了选择困难和注意力分散，影响了读者的阅读习惯和阅读质量。为应对信息过载带来的负面影响，公共图书馆需要探索有效的策略，帮助读者在海量信息中找到适合自己的内容，重建健康的阅读习惯。

（一）信息过载的表现与成因

信息过载主要表现为读者面对海量信息时的困惑与焦虑。在数字图书馆和在线阅读平台上，读者可以获取各种主题、类型的阅读材料，然而这些选择并未必能转化为有效的阅读体验。许多读者在选择时常常感到无从下手，难以决定阅读哪本书籍或哪篇文章，导致他们在信息的海洋中徘徊，难以深入阅读。这种现象不仅影响了个人的阅读习惯，也制约了他们的知识吸收与思维发展。

信息过载的成因可以归结为多方面，数字化技术的迅猛发展使得信息的生产成本显著降低，导致信息内容的爆炸性增长。各类媒体、博客、社交平台纷纷涌现，使得用户面临选择的同时也被大量不必要的信息淹没。用户对信息的需求不断变化，追求多样性与即时性，加剧了信息的生产与消费的不平衡。在这种环境下，公共图书馆必须理解信息过载对读者造成的负担，主动采取措施引导他们合理选择与高效阅读。

（二）信息过载对阅读习惯的影响

信息过载对阅读习惯的影响体现在多个层面，读者的阅读时间被稀释，过多的信息选择使得他们难以投入足够的时间进行深入阅读。许多人更倾向于浏览短小的内容，如社交媒体上的文章和评论，导致对长篇阅读材料的兴趣减弱。这种趋势不仅降低了阅读的深度和广度，还影响了读者的理解与思考能力，制约了知识的深入掌握。

信息过载引发的焦虑感会导致读者对阅读活动产生抵触情绪。面对众多的选择，读者常常感到沮丧，甚至对阅读产生厌倦。许多人在开始阅读之前就已经被信息的数量与复杂性所压垮，进而放弃阅读。这种心理障碍在长期内不仅影响了个人的阅读习惯，还导致对知识获取的主动性降低，从而形成恶性循环。信息过载导致读者的注意力分散，影响他们的阅读体验。在快速的信息消费环境中，读者更容易被打断，无法专注于一项活动。这种状态不仅降低了阅读的有效性，还削弱了读者的思维深度和创造力。因此，公共图书馆需要关注这些变化，帮助读者重新建立对阅读的热情与专注力。

（三）应对信息过载的策略与方法

应对信息过载的挑战，公共图书馆可以采取一系列策略与方法。提供个性化的推荐服务，帮助读者筛选与其兴趣相关的书籍和资源。通过分析用户的借阅历史与反馈，图书馆能够构建用户画像，为读者推荐更符合其需求的内容。这种个性化服务不仅提升了读者的满意度，还减少了选择的负担，使其更容易进行有效的阅读。

公共图书馆应加强信息素养的培养，帮助读者掌握有效的信息筛选与使用技巧。通过举办阅读工作坊和讲座，图书馆可以向读者传授如何辨别信息的真伪、如何快速获取所需信息等实用技能。这种信息素养教育不仅能提高读者的信息处理能力，还能增强他们对阅读的信心与热情。图书馆还应积极营造良好的阅读环境，促进专注与深度阅读。通过设置安静的阅读空间、提供舒适的座椅以及优雅的阅读氛围，图书馆能够帮助读者摆脱外界的干扰，专心投入阅读。可以定期组织阅读活动，鼓励读者分享阅读体验，增加社交互动，从而提升阅读的乐趣与动力。

信息过载对阅读习惯的影响深远，公共图书馆在应对这一挑战时，需从多个维度入手。通过提供个性化的推荐服务、加强信息素养教育以及营造良好的阅读环境，图书馆能够帮助读者克服信息过载带来的困扰，重建健康的阅读习惯。这一过程不仅有助于提升读者的阅读质量，还为公共图书馆在数字化转型过程中注入了新的活力和意义。

二、数字鸿沟与阅读不平等

数字鸿沟是信息时代的一大重要问题，指的是不同社会群体在获取和利用数字技术方面所存在的差距。这一现象在阅读推广领域表现得尤为明显，特别是在公共图书馆的服务中。随着数字化阅读资源的快速增长，享受这些资源的机会并非人人平等。数字鸿沟不但影响了人们的阅读机会，而且进一步加剧社会的阅读不平等现象。为了有效解决这一问题，公共图书馆需要深入理解数字鸿沟的根源及其对阅读的影响，从而制定出切实可行的应对策略，确保每个人都能平等地享受数字阅读的便利与乐趣。

（一）数字鸿沟的表现与成因

数字鸿沟主要体现在技术接入、信息获取和使用能力三个方面。在技术接入层面，部分群体因经济条件、地理位置等因素，难以获得必要的设备与网络连接，限制了他们参与数字阅读的能力。特别是在偏远地区或经济欠发达地区，许多人无法接触到互联网或高质量的电子设备，形成了信息获取的障碍。

在信息获取层面，不同社会群体对数字资源的获取方式存在明显差异。高收入群体通常能够通过个人投资获得更好的设备与服务，而低收入群体则往往依赖公共资源。这种资源的配置不均衡使得部分群体在信息的获取和利用上处于劣势，导致他们难以享受到丰富的数字阅读内容。

在使用能力方面，信息技术的快速变化使得许多人难以跟上时代的步伐。对数字技术的掌握程度影响了人们对数字资源的使用效率。一些老年人和低学历人群在使用电子设备时面临困难，这直接制约了他们的阅读选择与体验。因此，公共图书馆在推动数字阅读的同时必须关注这些群体的特殊需求，积极寻求解决方案。

（二）数字鸿沟对阅读的影响

数字鸿沟不仅影响了人们接触和使用数字阅读资源的机会，还在潜移默化中加剧了社会的阅读不平等现象。缺乏数字资源的接触使一些群体的阅读量显著下降。那些无法获取电子书籍、在线期刊及其他数字资源的人，往往被迫依赖传统图书馆的纸质书籍，从而限制了他们的阅读广度与深度。长此以往这将导致阅读兴趣的减退，形成恶性循环。

数字鸿沟影响了信息的获取与理解，对信息技术不熟悉的人群在面对海量的在线资源时，容易感到困惑与无助。缺乏筛选与判断信息能力的读者在信息海洋中迷失，难以找到真正符合自身需求的内容。这种情况不仅降低了阅读的有效性，还使得部分读者在理解与思考能力上产生短板，从而影响他们的知识积累和综合素养。

数字鸿沟还造成社会的分裂，数字阅读的便利与丰富性并未惠及所有人，这种不平等的资源分配导致社会阶层之间的差距加大。信息获取的能力直接影响着个人的文化水平与社会参与度，缺乏数字阅读资源的群体在社会活动中处于边缘地位，从而影响他们在经济、教育等领域的机会。这一现象的存在不仅不利于社会的和谐发展，还影响了全民阅读推广的整体效果。

（三）应对数字鸿沟的策略与方法

应对数字鸿沟，公共图书馆可以采取多种策略与措施。提升基础设施建设，确保每个人都能获得平等的数字接入机会。公共图书馆应积极推动网络覆盖与设备共享，尤其是在偏远地区和经济欠发达区域，确保这些地方的居民能够接入互联网，使用数字阅读资源。

公共图书馆需要加强信息素养的培训，帮助不同背景的读者提高数字技能。通过开展定期的培训课程与工作坊，图书馆可以教授读者如何使用数字设备、检索信息以及评估信息的有效性。信息素养教育将增强读者的自信心，帮助他们在信息社会中更有效地参与和交流。

公共图书馆可以通过社区合作与推广活动，积极弥补数字鸿沟。与学校、社区组织和企业合作，推动共享资源和联合活动，为不同社会群体提供更多的阅读机会。这种多方合作不仅能够扩大阅读推广的覆盖面，还能增强社会的阅读氛围，提升全民阅读的整体水平。

数字鸿沟与阅读不平等是公共图书馆在数字化转型过程中面临的重要挑战。通过提升基础设施、加强信息素养教育和推动社区合作，公共图书馆能够有效应对这一问题，确保每个人都能平等地享受数字阅读带来的便利。解决数字鸿沟，不仅是对读者权益的维护，还是推动全民阅读的重要一步，具有深远的社会意义。

三、数字化阅读的版权与资源管理问题

数字化阅读的快速发展为公共图书馆的资源提供了丰富的可能性，但随之而来的版权与资源管理问题日益突出。这些问题既影响了图书馆的资源利用效率，又对读者的阅读体验造成了负面影响。版权保护法律的复杂性和多样性使得图书馆在获取和管理数字资源时面临诸多挑战。同时数字化资源的管理体系尚不完善，导致资源的流动性和可用性受到限制。因此，理解数字化阅读中的版权与资源管理问题，对于公共图书馆有效推广数字阅读，推动全民阅读具有重要意义。

（一）版权保护的复杂性与不确定性

在数字化环境下，版权问题变得更加复杂。不同国家和地区对版权的定义与保护措施存在差异，图书馆在采购和使用数字资源时常常面临法律风险。某些数字内容的版权持有人对于作品的使用限制严格，图书馆在为读者提供电子书籍和数字期刊时，往往受到诸多条款的约束。这种不确定性使得图书馆在选择数字资源时必须谨慎行事，避免侵犯版权而导致法律责任。

同时数字内容的复制和分发相较于传统纸质书籍更为便捷，这也增加了版权侵权的可能性。对于图书馆而言，在确保合法使用的同时又要满足读者对数字内容的需求，这种矛盾使得版权管理愈加复杂。缺乏明确的指导方针和合适的解决方案，图书馆在面对此类问题时常常显得无所适从。

（二）数字资源获取的高成本与局限性

获取数字化阅读资源的高成本也是图书馆面临的重要问题，数字内容的购买费用往往远高于纸质书籍，尤其是一些热门或专业书籍的授权费用更是高昂。许多小型或地方性图书馆由于预算有限，无法承担如此巨大的开支，导致其数字资源的建设滞后，无法为读者提供丰富的选择。预算的限制进一步加剧了数字鸿沟，使得部分读者无法享受到优质的数字阅读体验。

许多数字资源的使用权限受到严格限制，图书馆在采购时往往只能获得特定数量的用户访问权。这种局限性使得在高峰时段，图书馆用户常常无法顺利访问所需的数字内容，影响了阅读的连续性与流畅性。面对这种情况，图书馆需要不断寻找适合的资源采购策略，以确保在经济可承受范围内，满足读者的多样化需求。

（三）数字资源管理体系的缺失与挑战

有效的资源管理体系对数字化阅读的推广至关重要，当前许多公共图书馆在数字资源的管理上尚显不足。缺乏统一的数字资源管理标准与平台，导致不同图书馆在资源管理上面临各自的挑战。这种碎片化的管理方式不仅增加了管理成本，还使得资源的整合与共享变得困难。

与此同时技术的快速发展对资源管理提出了更高的要求，许多图书馆在数字资源的分类、存储与检索等方面未能及时跟上技术的变化，导致资源利用效率低下。缺乏科学合理的管理系统，使得许多优秀的数字资源被埋没，难以为读者所用。为了应对这一挑战，公共图书馆亟须加强数字资源管理的技术支持与人才培养，构建高效、智能的资源管理体系。

数字化阅读中的版权与资源管理问题对公共图书馆的数字化转型与阅读推广构成了严峻挑战。版权保护的复杂性与不确定性、数字资源获取的高成本与局限性以及管理体系的缺失，均对图书馆的数字资源利用与读者的阅读体验产生了深远影响。为了解决这些问题，公共图书馆需要探索有效的应对策略，通过加强法律意识、优化采购策略及完善管理体系，以提升数字化阅读推广的效果，推动全民阅读的深入发展。

四、应对数字化挑战的图书馆策略

数字化转型为公共图书馆带来了机遇的同时也引发了诸多挑战。在信息过载、数字鸿沟和版权管理等问题日益突出的背景下，图书馆亟须制定有效策略，以应对数字化带来的困境。这些策略不仅涉及资源的获取与管理，还包括对用户的服务方式和技术的应用。通过明确应对措施，公共图书馆能够更好地发挥在社会阅读推广中的作用，促进全民阅读的实现。

（一）优化资源获取与管理策略

面对数字化挑战，公共图书馆需要优化其资源获取与管理策略，以确保在预算限制内最大化资源的使用效率。建立与出版社、数字内容提供商的长期合作关系，寻求优惠的授权协议，能够有效降低数字资源的采购成本。在此基础上，图书馆还应定期评估现有数字资源的使用情况，及时调整采购策略，以适应读者不断变化的需求。同时图书馆可以考虑采用联合采购模式，通过与其他图书馆或机构的合作，共同承担数字资源的获取费用，从而实现资源的共享与互助。

图书馆应建立科学的数字资源管理体系，利用先进的技术手段对数字资源进行分类、存储和检索。引入数据分析工具，可以帮助图书馆实时监测资源使用情况，从而根据用户需求调整资源配置。通过实施这些管理策略，公共图书馆不仅能够提高资源利用效率，还能够更好地服务于读者的多样化需求。在此过程中，图书馆还需关注用户反馈，持续优化资源配置与管理，以确保数字化资源的有效性和可用性。

（二）加强数字素养与用户培训

提升用户的数字素养是应对数字化挑战的重要策略之一，公共图书馆应开展丰富多样的数字素养培训项目，帮助读者了解如何有效利用数字资源，提升其信息检索和评估能力。这类培训可以涵盖如何使用图书馆的数字平台、如何识别可信的信息源等内容，使用户在面对信息过载时，能够更为从容应对。图书馆还可设计针对不同读者群体的课程，确保所有年龄段的用户都能掌握必要的数字技能。

同时图书馆可以通过举办讲座、工作坊和在线课程等多种形式，普及数字阅读的技巧与方法，激发读者的阅读兴趣。与学校和社区合作，开展针对不同年龄段的阅读推广活动，让更多人参与到数字阅读中来，形成积极的阅读氛围。通过增强用户的数字素养，图书馆不仅可以提升其服务质量，还能促进全民阅读的深入发展。定期评估培训效果，并根据反馈调整课程内容，以确保培训的持续性和有效性。

（三）利用新技术提升阅读体验

数字化转型使新技术的应用成为图书馆应对挑战的重要手段。公共图书馆应积极引入虚拟现实（VR）、增强现实（AR）等先进技术，以提升用户的阅读体验。通过 AR 技术，读者可以与数字内容进行互动，从而增强对书籍和信息的理解与吸引力。这种新颖的阅读方式不仅能够吸引年轻读者，还能为传统阅读注入新的活力。结合社交媒体平台，图书馆还可以创建在线阅读社群，增强读者间的互动与交流。

同时图书馆可以开发移动应用程序，使用户能够方便地访问数字资源，随时随地进行阅读。通过用户反馈，持续改进技术平台，提升系统的用户友好性，确保用户在使用过程中的顺畅体验。技术的持续更新与优化将使得图书馆的数字服务更加贴合用户需求。通过技术的应用与创新，图书馆能够更好地适应数字化趋势，促进阅读推广的有效开展。同时图书馆还应关注新技术的培训与推广，确保所有用户都能受益于新技术带来的便利。

应对数字化挑战的图书馆策略涵盖了资源管理、用户培训和技术应用等多个方面。通过优化资源获取与管理，公共图书馆能够更有效地利用有限的预算，确保读者获得丰富的数字资源。同时提升用户的数字素养和阅读技能，有助于减少信息过载带来的负面影响。利用新技术提升阅读体验，则为图书馆的数字化转型注入了新的活力。只有在这些策略的共同作用下，公共图书馆才能够在数字化时代继续发挥其阅读推广的重要作用，推动全民阅读的深入开展。

第四章　阅读推广中的文化多样性与包容性

第一节　公共图书馆服务的文化多样性

一、图书馆资源的多元文化整合

公共图书馆作为社会文化传承与交流的桥梁，其作用不仅限于提供普及知识的功能。随着全球化进程的推进，社会结构和文化背景的多元性愈加显著。图书馆资源的多元文化整合逐渐成为提升服务质量与社会和谐的重要手段。为了应对日益复杂的文化需求，公共图书馆必须在馆藏资源建设、服务设计及活动组织上注重多元文化的包容性。这种整合不仅促进了不同文化间的对话，还推动了社会文化的繁荣和多样性。

（一）馆藏资源的多元文化整合

公共图书馆的资源整合不仅仅是增加文化种类的简单堆砌，还是对不同文化价值观的理解与尊重。通过引进不同语言、民族背景的书籍、音像资料及电子资源，图书馆能够满足不同群体对文化认同的需求。馆藏资源的多元文化整合能够有效弥合不同群体之间的文化鸿沟，营造更加开放和包容的公共文化空间。图书馆可以在其馆藏中加入更多非主流文化的文献，并为少数族裔提供书籍、音像资料或电子资源的翻译版本，使他们在获取信息时能更好地进行文化认同。

与此同时图书馆需要定期更新资源，以便更好地适应不断变化的社会文化环境。这种资源的动态整合不仅仅是在数量上满足需求，更重要的是在质上为不同文化群体提供尊重与理解。图书馆应加强与多元文化专家的合作，邀请他们参与资源建设，确保图书馆的资源全面且具备文化敏感性。只有这样图书馆才能真正

实现文化的多样性整合，为更多群体提供丰富的精神文化滋养。（见表 4-1）

表 4-1　公共图书馆馆藏资源的多元文化整合策略

策略	描述
增加多语言和文化的资源	引进各种语言、民族背景、宗教信仰的书籍、音像资料和电子资源
提供少数族裔资源的翻译版本	特别关注非主流文化和少数族裔，提供其文化资源的翻译版本
定期更新资源	根据社会文化环境的变化，定期更新馆藏资源，引入新的文化元素
合作与多元文化专家	加强与多元文化专家的合作，邀请他们参与资源建设，确保资源的文化敏感性
营造开放包容的文化空间	通过多元文化整合，弥合不同群体间的文化鸿沟，提供一个开放和包容的公共文化空间

（二）与少数族裔文化的互动与沟通

随着社会多元化的发展，少数民族群体对图书馆的需求越来越强烈。图书馆不仅仅是一个提供信息的地方，更是不同文化交汇的场所。少数族裔文化的包容性要求图书馆通过多种形式的活动和资源，为这些群体提供更加个性化的服务。定期举办少数族裔文化相关的讲座、展览和阅读活动，不仅能帮助他们在主流文化中找到自己的位置，还能让其他群体更加了解和尊重这些文化。图书馆通过展示不同民族的历史与艺术，帮助社会成员跨越文化隔阂，增进文化认同感。

除此之外图书馆还可以通过设立专门的少数族裔文化区域来丰富馆藏资源，可以增设关于少数民族的文学、历史以及艺术作品的专区，特别是那些在传统文化传承过程中逐渐失传或被忽视的内容。这些文化资源的引入，不仅能满足少数族裔的文化需求，还有助于提高全社会的文化多样性意识。通过这种文化互动，图书馆能够促进不同群体之间的相互理解和尊重，发挥其在促进社会和谐方面的独特作用。

（三）语言的文化适配

语言是文化多样性中的核心组成部分，对于多语言的社会环境，图书馆在资源整合和服务设计时需要特别注重语言所带来的影响。提供多语种的图书和电子资源可以有效帮助语言不同的群体更好地融入主流社会，尤其是在移民较为集中的地区，图书馆可以为移民群体提供其母语书籍及其他相关资源。

可以为不同读者群体提供其经典文献和相关历史背景书籍，同时保证资源的学术性与客观性，避免偏见和误导。在满足这些群体精神需求的同时图书馆也能通过举办文化交流活动，使不同信仰的人们能够在和谐的氛围中增进彼此理解。这种文化适配的服务模式不仅是对多元文化的尊重，还是图书馆社会责任的体现。

在全球化和本地化并行发展的时代背景下，图书馆的资源整合已经不仅仅局限于单一的文化体系，而是涵盖了多种文化视角。通过对馆藏资源的多元化建设和对不同文化群体需求的敏感响应，图书馆成为了社会文化多样性的重要承载体。资源的多元文化整合不仅促进了社会各群体的文化认同和相互理解，还使得公共图书馆的功能愈加丰富和复杂。未来公共图书馆在资源整合中应继续深入探索文化包容性与多元性，积极推动文化的共享与交流，进而提升社会整体的文化素质和凝聚力。

二、图书馆与少数族裔文化的互动

在现代社会中，公共图书馆作为信息和知识的传递者，其作用远不止于提供书籍和阅读空间。随着社会文化的多元化和全球化进程的推进，公共图书馆正日益成为促进文化交流、融合与相互理解的重要平台。特别是与少数族裔文化的互动，已成为公共图书馆服务体系中的一项重要内容。图书馆不仅要满足主流文化群体的需求，还需要通过积极的策略，打造一个包容性的文化环境，促进不同民族、种族和背景的社区成员之间的互动和交流。图书馆与少数族裔文化的互动，既是对多元文化社会的响应，又是图书馆社会责任的一部分，它体现了公共图书馆在提升社会文化多样性方面的关键作用。

（一）少数族裔文化资源的丰富与展示

图书馆通过丰富馆藏，提供多样化的少数族裔文化资源，为不同群体提供文化认同的支撑。公共图书馆不仅要有主流文化的书籍，还需要涵盖少数族裔的文学、历史、艺术及文化背景。对于不同族群而言，能够在图书馆找到与自己文化背景相关的资源，是其文化认同感得以建立的重要途径。图书馆可以通过特定的专题展览、书目推荐以及区域划分等方式，展示不同少数族裔的文化成果，帮助他们在社会主流文化中找到自己的声音。

除了传统的书籍资源，图书馆还应当拓展其他形式的文化资源。少数族裔的艺术作品、民间故事、音乐、影像资料等，都可以成为图书馆展示和传播的内容。这种丰富的资源整合不仅为少数族裔提供了文化认同的空间，还为其他群体提供了接触和了解少数族裔文化的机会。在此过程中，图书馆作为文化传播平台，不仅促进了文化多样性，还加强了社会成员之间的相互理解与尊重。图书馆的文化资源，成为了文化交流和社会凝聚的纽带。

（二）少数族裔文化活动的策划与推广

公共图书馆可以通过策划和组织少数族裔文化相关的活动，进一步促进少数族裔群体与主流社会之间的互动与沟通。这些活动不仅可以让少数族裔有机会展示自己独特的文化，还能帮助主流社会了解和尊重这些文化，从而促进社会的文化多样性与和谐。图书馆可以定期举办多元文化节、民族风情展示、传统工艺体验等活动，邀请少数族裔的文化传承人或艺术家走进图书馆，与读者分享他们的文化故事和艺术创作。

通过这样的文化活动，图书馆不仅为少数族裔提供了一个表达自己文化身份的舞台，还让其他群体有机会走进和了解不同的文化传统。这种文化的交流和互动，可以有效消除误解和偏见，增加不同族群之间的理解与尊重。在图书馆的活动策划中，应注意做到包容性，避免任何形式的文化排斥，并通过多样化的形式和内容，吸引更多人参与其中，从而构建一个开放、平等、和谐的文化交流平台。（见表 4-2）

表 4-2　少数族裔文化活动策划与推广

活动类型	活动内容	目标	参与者
多元文化节	展示各少数族裔的文化特色与传统	促进文化交流与理解	少数族裔、主流社会居民
民族风情展示	通过展览和表演展示少数族裔的民族服饰和习俗	增加对少数族裔文化的了解	所有年龄段的读者
传统工艺体验	邀请文化传承人教授传统手工艺	传承和推广传统文化	对工艺感兴趣的社区成员
文化故事分享会	邀请艺术家分享他们的文化背景与艺术创作	增强文化认同与尊重	学生、家庭、文化爱好者

（三）少数族裔读者的需求与服务创新

公共图书馆与少数族裔的互动不仅体现在文化资源和活动的提供上，还应通过服务的创新来满足少数族裔读者的独特需求。图书馆应根据不同少数族裔的语言、文化、教育背景等特点，设计和提供针对性的服务。对于语言不通或文化背景不同的少数族裔群体，图书馆可以通过提供多语言服务、翻译支持、定制化的读者培训等方式，降低他们获取信息的障碍。图书馆还可以通过与社区组织合作，举办针对少数族裔群体的文化学习班、阅读推广活动等，提高他们的文化素养和社会参与感。

除此之外图书馆还应当关心少数族裔群体的心理和社会需求，在设计服务时，要充分考虑到这些群体在融入社会过程中的特殊困难，比如社会身份的认同问题、文化适应问题等。因此，图书馆不仅仅是一个知识获取的场所，还应成为少数族裔群体心理支持和文化适应的一个平台。通过细致入微的服务创新，图书馆能够为少数族裔群体提供更贴心、便捷的支持，帮助他们更好地融入社会。

图书馆与少数族裔文化的互动，是公共图书馆履行社会责任和服务功能的重要表现。通过丰富的文化资源展示、多样的文化活动策划以及创新的服务模式，公共图书馆不仅促进了少数族裔群体的文化认同和社会融入，还加强了不同文化之间的交流与理解。图书馆作为一个文化交流的空间，承载着提升社会文化多样性和包容性的重任。随着社会的不断发展和文化的不断演变，图书馆在促进多元文化的融合与传承中将发挥更加重要的作用。在未来的发展中，图书馆应继续探索和创新，更好地满足少数族裔群体的需求，推动文化的包容性和社会的和谐进步。

三、语言与文化背景对阅读的影响

在全球化日益加深的今天，公共图书馆不仅是文化知识的传播者，还是多元文化交汇的地方，语言与文化背景是影响阅读行为和阅读选择的重要因素。随着社会的不断发展，图书馆面临着来自不同文化群体日益多样化的需求。每个人的阅读习惯、偏好与需求，都与其所处的语言环境和文化背景密切相关。公共图书馆的任务不仅是提供普及知识和信息，还应当通过理解和尊重这些多样性，帮助读者找到符合其个人背景与需求的阅读内容。这种文化敏感性与包容性，是图书馆服务创新和发展不可或缺的部分，亦是提升社会文化认同与社会和谐的必要路径。

（一）语言对阅读习惯和阅读需求的影响

语言是文化传递的核心载体，也是影响阅读行为的关键因素。对于处在多语言环境中的读者来说，语言不仅仅是理解信息的工具，更是构建文化认同的重要途径。公共图书馆在提供阅读资源时，需要特别考虑到不同语言群体的需求，尤其是少数民族或外来移民群体。每一种语言背后都有其独特的文化和社会背景，这要求图书馆在资源建设上采取多语言的策略。通过引进不同语言的书籍、杂志、音像资料以及电子资源，图书馆可以确保所有群体都有机会通过母语获得知识和文化。

除了传统的纸质图书，随着信息技术的发展，电子书、语音书、数字化资源等形式也为非母语读者提供了更多的选择。在这一过程中，图书馆不仅要满足传统语言群体的需求，还应当重视对多语言服务的投入。尤其是在一些移民密集的地区，图书馆需要通过提供母语书籍和语言学习资源，帮助移民群体更好地融入主流社会。多语言环境下的图书馆也需要为读者提供跨语言的检索工具，以帮助他们在不同语言的资源中找到所需信息，从而提升他们的阅读体验和信息获取效率。

（二）文化背景对阅读偏好的影响

文化背景是塑造个人阅读兴趣和认知的关键因素，每一种文化都有其独特的文学传统、价值体系和表达方式，这些都深刻地影响着个体的阅读偏好与阅读行为。东亚文化强调家庭、集体主义和和谐，因而许多文学作品和读物可能偏向于家族关系、社会责任等主题；而西方文化则更加注重个人主义和自由思想，因而西方文学往往表现出更多关于个人自由、社会变革等议题的内容。

图书馆在提供阅读资源时，应根据文化背景的差异，调整馆藏的结构和内容。对于不同文化背景的读者，图书馆不仅应提供符合其文化特色的书籍，还应当了解他们的阅读需求，定期推出具有文化代表性的主题阅读和书单。可以为中国文化背景的读者提供传统文学和现代小说等，而对于来自中东或南亚地区的读者，则可以提供与他们文化相关的历史、文学、哲学和艺术类书籍。通过这种有针对性的资源建设，图书馆能够更好地满足不同文化群体的阅读需求，同时促进文化的多样性和共融。

语言和文化背景是影响个体阅读选择和阅读行为的重要因素，公共图书馆在服务时，需要充分认识到这些差异并加以尊重，通过多语言资源的引进以及文化背景适配的馆藏设置，满足不同读者群体的需求。通过这种文化敏感性的服务，图书馆不仅能够为各类读者提供个性化的阅读支持，还能够在促进社会和谐、推动文化包容方面发挥重要作用。在未来的发展中，图书馆应继续加强文化多样性的理解与实践，通过多元文化资源的整合，推动社会文化的互动和融合，构建一个更加包容和开放的文化环境。

四、文化多样性在阅读推广中的体现

公共图书馆不仅承担着传播知识和信息的任务，还是促进文化交流、加强社会凝聚力的重要平台。在多元文化的社会中，图书馆通过提供多样化的资源和服务，促进文化的理解与融合。阅读推广作为图书馆的关键职能之一，既有助于提升整体阅读水平，又为不同文化之间的对话提供了契机。图书馆通过展示和推介不同文化的书籍、资料和活动，展现出其在促进社会文化多样性和包容性方面的独特作用。文化多样性不仅体现在图书馆的资源和活动中，还通过它们推动社会对多元文化的理解与尊重。

（一）多元文化资源的整合与推广

公共图书馆在阅读推广中展现出文化多样性的一个重要方面是其资源配置的多样性。传统的图书馆以纸质书籍为主，但随着信息技术的发展和读者需求的变化，图书馆的资源形式也越来越丰富。从电子书、音频书到多媒体资料，图书馆的资源范围不断扩展，这使得文化多样性得以在图书馆的书籍、期刊、视听材料等各种资源形态中得到体现。特别是在面对不同语言和文化背景的读者群体时，图书馆不仅需要保证资源的多样性，还应注重资源的精准性与本土化。针对特定少数民族群体或移民群体，图书馆可提供其母语的书籍，介绍其国家或地区的历史、文学和文化，帮助他们在异乡保持文化认同，同时向其他读者提供了解多元文化的机会。

通过不断引入与少数民族、移民、海外文化相关的资源，图书馆不仅为这些群体提供了一个文化栖息地，还促进了文化的交流与对话。图书馆的馆藏资源和展示内容，特别是专题书单和文化展览，能够有效地为不同群体提供展示其独特文化和传统的机会。图书馆可以定期邀请本地和外地的文化代表和专家，通过讲座、展览或工作坊等形式向公众普及全球和本土文化的精髓，进一步丰富其文化氛围。

（二）文化多样性的活动策划与实施

图书馆在进行阅读推广活动时，文化多样性不仅通过馆藏展示，还要通过活动的策划与实施得到充分体现。随着社会文化交流的不断加深，图书馆的活动策划逐渐多元化，旨在通过不同文化背景的活动来促进读者的文化认知和社会融入。这些活动服务于少数族裔群体，旨在提升所有群体对文化多样性和全球视野的认同感。公共图书馆可通过定期举办各类文化节、语言日、电影放映会、文化讲座等活动，邀请来自不同文化背景的讲者、艺术家、作家等，与读者进行互动交流。

这种形式的活动不仅能够吸引多样化的观众群体，还能够激发不同文化之间的思考与讨论。通过这种直接的文化互动，图书馆为不同文化的读者提供了一个了解、尊重和欣赏他者文化的平台，避免文化冲突和误解，促进社会的和谐共处。这种文化活动还能够帮助读者开拓视野，打破文化边界，为文化多样性在阅读推广中的进一步体现提供空间。举办“世界民族文化展”可以展示不同国家和地区的书籍、艺术和工艺，而“多元语言电影周”则能够让读者通过观看全球范围内的经典电影来感知不同文化的思想与情感。

（三）阅读推广中的文化教育与跨文化交流

除了馆藏资源和活动策划，图书馆在文化多样性体现的另一个重要方面是跨文化教育的推动。公共图书馆可以通过阅读推广活动，帮助读者形成跨文化理解和沟通的能力。在面向学校、社区和大众的教育项目中，图书馆有责任和义务向不同文化背景的群体介绍和推广文化多样性。在这些活动中，图书馆不仅仅是在提供书籍和资料，还通过组织跨文化交流项目来让读者深入了解不同文化的历史、价值观和习惯，从而消除误解与偏见，促进跨文化沟通和理解。

图书馆可以与当地学校合作，开展多元文化的阅读课题活动，帮助学生在了解世界各地文化的同时提升他们的文化敏感性和国际视野。图书馆也可以通过组织跨文化交流项目，如“图书馆国际日”，邀请来自世界各地的读者或文化代表，在图书馆分享各自国家的文学作品、风俗习惯和历史故事。这些项目不仅丰富了图书馆的服务内容，还激发了读者对不同文化的好奇心，培养了他们的跨文化思维和全球公民意识。

文化多样性在阅读推广中的体现，是公共图书馆服务的核心价值之一。通过多元化的资源配置、精心策划的文化活动以及跨文化教育的推动，图书馆为不同文化群体提供了交流、学习与展示的平台，极大地促进了文化的共融与社会的和谐。随着全球化进程的加速，图书馆在推动文化多样性的过程中将扮演越来越重要的角色。

第二节　针对弱势群体的阅读推广策略

一、老年人群体的阅读服务

随着社会老龄化的加剧，老年人群体逐渐成为社会服务的一个重要组成部分。尤其在公共图书馆的服务体系中，如何有效满足老年读者的需求，成为一个亟待解决的课题。老年人群体的阅读需求具有独特性，他们不仅需要适合的阅读资源和环境，还需要根据身体状况和心理需求设计个性化的服务。随着数字化进程的加快，老年人群体在享受公共文化服务方面的差距也逐渐显现。如何通过创新服务模式，让这一群体更好地融入阅读文化、享受知识的共享，成为图书馆阅读推广中的一项重要任务。公共图书馆在这一过程中，不仅肩负着传统的文化传承功能，还承担着推动老年人群体社会参与和自我提升的责任。

（一）适合老年人群体的阅读资源配置

公共图书馆为老年人群体提供的阅读服务，应体现在资源的适配性上。老年人群体的生理特点和生活方式决定了他们的阅读需求不同于年轻人，特别是在视力、听力、反应速度等方面的生理变化，使得他们在选择阅读材料时需要更多的照顾。因此，图书馆在资源配置上需要注重对老年读者的特殊需求，提供更为适宜的书籍和阅读材料。老年人群体通常偏好文字较大、排版清晰的书籍，图书馆可增加此类书籍的采购量和专门的阅读区域。除了纸质书籍，电子书、音频书、语音识别等数字化资源也可以为视力不佳的老年人提供更加便捷的阅读选择。

在这一过程中，图书馆不仅要考虑到老年人对书籍内容的需求，还应关注他们对阅读形式的偏好。一些老年读者更倾向于听书而非阅读纸质书籍，因而图书馆可以增加有声书籍和听力辅助设备的配置。图书馆也可以为老年人提供一些健康、养生、历史文化等领域的书籍，满足他们的精神需求与生活兴趣，从而在物质文化和精神文化上为老年人群体提供全面的服务。

（二）老年人群体的个性化阅读服务

针对老年人群体，个性化的阅读服务至关重要。老年人群体的多样性在于他们的兴趣爱好、文化背景、健康状况以及生活方式各不相同。为了最大化满足这一群体的阅读需求，公共图书馆应根据这些特征设计个性化的服务内容。除了常规的图书借阅服务，图书馆还可以通过定制化的书单、推荐服务以及一对一的阅读指导来满足老年读者的个性化需求。

对于长期居住在养老院的老年人，图书馆可以开展流动图书馆服务，定期将适合他们阅读的书籍送到养老院。对于一些行动不便的老年人，图书馆可以提供电话咨询服务，帮助他们选择感兴趣的书籍，并通过邮寄等方式提供阅读材料。对于有特殊兴趣的老年读者，图书馆还可以开设专题讲座、文化交流活动等形式的服务，让老年读者能够在一个有趣和互动的环境中进行学习和阅读。这些个性化的服务不仅为老年人提供了更便捷的阅读体验，还为他们提供了更丰富的文化活动选择，促进了他们的身心健康。

（三）老年人群体的阅读环境建设与文化氛围

除了图书资源的配置和个性化服务，阅读环境的建设也是老年人群体阅读服务中至关重要的一环。对于许多老年人来说，舒适的阅读环境能够激发他们的阅读兴趣并增强阅读的愉悦感。在公共图书馆中，老年人群体的阅读区域应充分考虑他们的身体条件和心理需求。图书馆可以为老年读者提供安静、温馨的阅读空间，避免过于嘈杂或拥挤的环境影响他们的阅读体验。图书馆的空间设计应当符合老年人群体的需求，比如设置符合人体工程学的座椅、调整阅读区域的光线、提供无障碍通道等，让老年人能够更轻松地使用图书馆的设施。

除了物理空间的设计，图书馆还可以营造良好的文化氛围，激励老年人参与到阅读活动中。图书馆可以通过组织老年人专属的读书会、讲座、书法等活动，增进老年人对文化的兴趣和认同感。图书馆应关注老年人群体的心理需求，通过开展心理健康讲座、社交活动等方式，提供更多的精神支持。文化氛围的建设不仅能够促进老年人群体的阅读行为，还能够提升他们的文化素养和生活质量，让他们在图书馆中找到归属感和自我价值的实现。

随着老年人群体的阅读需求逐渐多样化，公共图书馆的服务需要不断创新和完善。在提供符合老年人群体需求的阅读资源、制定个性化的服务策略、改善阅读环境等方面，图书馆应发挥更大的作用，为老年人群体提供一个更加开放、包容、便利的阅读平台。通过精心设计的服务和设施，图书馆不仅能帮助老年人群体更好地融入现代社会，还能够激发他们的学习热情和文化兴趣，从而促进社会的整体文化进步。

二、青少年与儿童的阅读推广

青少年和儿童是社会的未来而阅读是他们成长过程中不可或缺的一部分，公共图书馆作为文化传播的重要场所，肩负着为青少年和儿童提供丰富知识、拓宽视野和培养阅读兴趣的重要任务。针对这一群体的阅读推广策略应注重内容的多样性与趣味性，同时考虑他们的成长需求和心理特点。在这个信息化和娱乐化的时代，青少年和儿童的阅读习惯面临诸多挑战，如何通过创新的服务方式吸引他们走进图书馆，培养他们的阅读兴趣和习惯，已成为公共图书馆的重要使命。

（一）基于兴趣的书籍推荐与主题活动

为了激发青少年和儿童的阅读兴趣，公共图书馆应根据他们的兴趣和心理需求，提供多样化和具有吸引力的阅读资源。在为这一群体挑选书籍时，图书馆需要注重内容的趣味性与教育性，选择能够引发他们思考、启发他们想象力的书籍。通过设立不同的书单和专题推荐，图书馆不仅能帮助孩子们找到符合他们兴趣的书籍，还能逐步培养他们的阅读习惯。图书馆可以为不同年龄段的儿童推荐经典的儿童文学作品、科普读物或绘本，而为青少年提供小说、励志书籍、历史传记等多样化内容，鼓励他们探索更广泛的阅读领域。

为了增强图书馆对青少年和儿童的吸引力，可以定期举办以阅读为主题的活动，如书籍分享会、亲子阅读活动、阅读比赛等。这些活动不仅能让孩子们接触到更多的图书，还能够激发他们在轻松愉快的氛围中进行阅读。通过让孩子们与同龄人或家长一起分享阅读感受，可以增进他们的阅读体验，培养他们的阅读兴趣，提升他们的语言表达能力和思维深度。

（二）创造互动与沉浸式的阅读体验

青少年和儿童的阅读推广不仅需要有丰富的书籍和活动，还需要通过创造互动和沉浸式的阅读体验来提升他们的参与度和兴趣。在图书馆内，通过设置互动区域、创意阅读空间等，可以让孩子们在亲身体验中感受到阅读的乐趣。在儿童图书馆区，设置各种主题的阅读角落，如“童话王国”或“探险基地”，通过装饰和主题氛围让孩子们仿佛置身于书中的世界中。这种形式的阅读体验能够吸引孩子们的注意力，使他们在充满创意和幻想的环境中投入更多的时间和精力进行阅读。

对于青少年而言，图书馆可以通过引入科技手段，如虚拟现实（VR）、增强现实（AR）等技术，为他们创造更具沉浸感的阅读体验。结合历史题材的书籍，利用 VR 技术让学生“走进”历史的场景，进行身临其境的体验。这不仅能让青少年在学习过程中增强记忆力，还能激发他们的好奇心和探索精神。同时图书馆还可以结合新媒体形式，举办线上阅读活动、读书分享会等，扩大阅读推广的范围和影响力，鼓励青少年在虚拟空间中也能进行互动和阅读。

（三）家长与学校的合作共育模式

青少年和儿童的阅读推广不仅仅是图书馆单方面的努力，家长和学校的积极参与同样至关重要。在这一过程中，家长的榜样作用和学校的阅读教育功能都对孩子的阅读兴趣和习惯的养成起着不可忽视的影响。图书馆可以通过与家长和学校的合作，共同打造阅读生态圈，推动孩子们阅读习惯的培养。

图书馆可以与学校合作，开展课外阅读推广活动。通过合作设计课外阅读项目，图书馆为学校提供相关书单，并在图书馆内为学生提供专门的借阅支持。这不仅能够让学生接触到更多的阅读材料，还能为他们提供一个持续阅读的平台。家长的参与同样不可忽视，图书馆可以定期举办亲子阅读活动，引导家长与孩子一同阅读，并通过讲座、研讨等形式提高家长对阅读重要性的认识。家长的积极参与不仅能够帮助孩子养成良好的阅读习惯，还能促进家庭阅读氛围的形成，进一步增强孩子的阅读兴趣。

青少年和儿童的阅读推广是一个系统化的过程，既需要图书馆提供丰富的阅读资源和有趣的活动，又需要家庭和学校的支持与合作。通过基于兴趣的推荐、互动式的阅读体验以及家长和学校的合作，公共图书馆可以有效地培养青少年和儿童的阅读兴趣，帮助他们树立长期阅读的习惯。随着社会对阅读推广认识的不断深入，图书馆将在这方面发挥越来越重要的作用，推动整个社会的阅读文化和教育水平不断提升。

三、残障人士的阅读无障碍设计

残障人士的阅读需求在社会上往往被忽视，公共图书馆作为社会文化的承载体，必须考虑到所有群体的需求，尤其是残障人士的阅读需求。残障人士在享受公共图书馆服务时面临着与正常读者不同的挑战，尤其是在视觉、听觉、肢体等方面的障碍。为了让残障人士能够平等、自由地获取信息与知识，公共图书馆必须实施无障碍设计，为他们提供适当的阅读资源、辅助技术以及舒适的使用环境。通过无障碍设计，公共图书馆不仅能够为残障人士提供便利，还能够推动社会的整体包容性和文化平等。

（一）图书馆设施与物理空间的无障碍设计

为了让残障人士能够顺利进入和使用图书馆，图书馆的物理空间必须进行无障碍设计。无障碍设计不仅限于为行动不便的残障人士提供轮椅通道和无障碍卫生间，还应考虑到其他类型残障人士的特殊需求。对于视力障碍者，图书馆需要提供足够的标识和导向设施，确保他们能够轻松找到所需的区域和资源。在图书馆内设置触觉标识和盲文标牌，可以帮助视障人士在不依赖他人帮助的情况下自主移动，减少他们的使用困难。

除了视觉障碍者，听力障碍者的需求也应得到关注。在图书馆内设置听力辅助设备，如无线耳机、感应设备和字幕系统等，可以帮助听力障碍人士参与到讲座、读书会和其他互动性强的活动中。对于肢体障碍者，除了无障碍的通道和电梯外，还可以设置可调节高度的书架，确保轮椅使用者能够轻松取到书籍。这些设施的建设不仅为残障人士提供了更便捷的图书馆访问路径，也为他们创造了一个更加友好的阅读环境。

（二）辅助技术与特殊阅读资源的配置

残障人士的阅读需求不仅限于物理空间的无障碍设计，辅助技术和特殊阅读资源的配置同样重要。公共图书馆应根据不同类型残障人士的需求，提供专门的辅助设备和技术支持。视力障碍者可以使用大字体的书籍、电子书和语音阅读器，帮助他们克服视觉障碍。近年来，数字化技术的进步使得无障碍阅读资源不断增加，图书馆可以提供大量的电子书籍、音频书籍、盲文书籍和字幕视频等资源，满足视障人士的多样化需求。

听力障碍者也可以通过图书馆提供的字幕视频和手语翻译服务获取知识，在一些特定的活动中，图书馆可以通过实时字幕和手语翻译为听障人士提供便捷服务，确保他们不会错过任何文化活动的精彩内容。在技术上，现代的辅助技术如语音识别软件、翻译软件等，也能够帮助残障人士突破传统阅读方式的限制，使他们能够更加高效地获取信息和知识。

（三）残障人士阅读推广的社会支持与文化包容

为了实现残障人士在公共图书馆中的全面参与，社会支持和文化包容性是不可或缺的因素。残障人士的阅读需求不仅仅是技术和设施层面的要求，还需要社会的关注和文化的接纳。公共图书馆应积极与残障人士相关的社会团体和组织合作，建立有效的沟通机制，了解他们的具体需求，并根据这些需求来调整服务策略。图书馆还可以开展专门的培训和讲座，向社会普及无障碍设计的重要性，增强全社会对残障人士阅读需求的认知和理解。

通过图书馆的积极行动，不仅能够为残障人士创造更便捷的文化环境，还能推动社会文化的包容性发展。残障人士参与图书馆的活动，不仅有助于他们个人的成长与提升，还能通过文化交流促进社会的多元与和谐。无障碍设计的实施和残障人士的阅读推广反映了社会对弱势群体的关注和关怀，是社会文明进步的重要体现。

残障人士的阅读无障碍设计，不仅是公共图书馆的基本责任，还是推动社会文化平等和包容的重要一步。通过改善图书馆的物理空间、引入辅助技术、提供特殊阅读资源，并通过社会的支持和文化的包容，公共图书馆可以为残障人士创造一个更加友好和无障碍的阅读环境。这不仅有助于残障人士的自我提升，还助于整个社会文化环境的改善与进步。随着无障碍设计的不断优化和完善，公共图书馆将能够为所有社会成员提供平等的知识获取机会，推动全民阅读的普及与深化。

四、经济困难群体的阅读资源获取

经济困难群体往往面临着信息和资源的匮乏，尤其是在文化和教育资源的获取上。公共图书馆作为一个社会性文化设施，理应担负起为经济困难群体提供免费或低成本阅读资源的责任。在全球化和信息化迅速发展的今天，知识和教育的重要性愈发突出，而经济困难群体因缺乏足够的经济支持，难以享有平等的阅读机会。为此公共图书馆应当在资源配置、服务模式和社会合作等方面做出努力，保障这一群体在阅读和知识获取上的公平性，从而为社会的全面进步贡献力量。

（一）图书馆资源的免费开放与借阅制度

经济困难群体的阅读需求不仅仅是对内容的渴望，更是对获取途径的迫切要求。许多人因为经济条件有限，无法负担高昂的书籍购买费用或教育成本，这使得他们的阅读需求得不到有效满足。公共图书馆通过建立更加开放的借阅制度，可以有效解决这一问题。图书馆可以提供免费的图书借阅服务，并通过增加藏书的多样性和更新频率，满足不同群体的需求。

为了更好地服务经济困难群体，图书馆还应考虑为低收入家庭、学生等群体提供特别的借阅政策或优惠。比如提供免费或更长时间的借阅期限，或者在某些情况下，允许这些群体优先借阅特定的资源。图书馆还可以通过捐赠图书、图书交换活动等形式，向经济困难群体提供更多的阅读材料。这些举措不仅能帮助弱势群体克服经济障碍，还能提升他们的文化素养与教育水平。

（二）数字资源的普及与信息技术的支持

在当今数字化时代，许多资源和信息已经从传统纸质形式转变为数字格式，数字化的阅读材料无疑为经济困难群体提供了更为便捷和低成本的阅读选择。公共图书馆可以积极引入电子书、在线期刊、音频书籍等多种数字资源，为经济困难群体提供广泛的阅读选择。这些资源不仅可以大大降低获取成本，还能打破地域和时间的限制，让更多的读者能够随时随地进行阅读。

图书馆可以通过开放网络平台，为经济困难群体提供免费的数字资源下载或在线阅读服务。对于缺乏必要设备的群体，图书馆还可以提供免费使用的电脑和阅读设备，确保他们能够顺利接入这些资源。在此基础上，图书馆还可以开展数字阅读培训，帮助经济困难群体掌握基本的数字技术，使他们能够充分利用图书馆提供的数字资源。这种基于信息技术的服务模式不仅提升了图书馆的服务覆盖面，还能有效缓解经济困难群体在传统书籍获取上的困难。

（三）社会合作与公共资助的支持

为了有效推动经济困难群体的阅读资源获取，社会各界的合作与支持尤为重要。公共图书馆可以通过与各类社会组织、慈善机构、教育部门等的合作，建立长效的资助和支持机制，确保经济困难群体能够持续地获得必要的阅读资源和服务。这种跨部门、跨行业的合作模式不仅能够提升资源的配置效率，还能够整合社会力量为弱势群体提供更多的支持。

企业可以通过捐赠图书、赞助阅读活动等形式参与到公共图书馆的服务中，帮助图书馆扩充资源。同时政府可以通过公共资助项目，为经济困难群体提供免费的书籍、学习资料以及文化活动等支持。社会公益组织也可以协助图书馆开展针对低收入群体的阅读推广活动，进一步扩大服务覆盖面。通过这种社会合作模式，图书馆不仅能够增强服务的可持续性，还能在更大范围内推广全民阅读的理念，为经济困难群体提供一个全面的文化保障体系。

经济困难群体在获取阅读资源方面存在诸多困难，而公共图书馆作为社会文化的重要组成部分，能够为这些群体提供有效的支持。通过免费开放图书馆资源、普及数字阅读平台以及建立广泛的社会合作机制，公共图书馆可以确保经济困难群体获得平等的知识获取机会。这不仅能够促进社会的公平与进步，还能够为弱势群体创造更广阔的发展空间，使他们在知识和文化的世界中不再受到经济困境的束缚。

第三节　阅读推广中的性别与年龄因素

一、不同年龄段的阅读兴趣差异

随着年龄的增长，人们的阅读兴趣和需求会发生显著变化。从婴幼儿时期的图画书、童话故事到青少年时期的冒险小说，再到成年人对历史、社会、科技等主题的兴趣，阅读兴趣在不同年龄段呈现出独特的特点。公共图书馆在推广阅读的过程中，必须充分考虑这些差异，针对不同年龄段读者的兴趣和需求设计有针对性的阅读活动和资源。理解不同年龄段的阅读兴趣差异，能够帮助图书馆在提供服务时更加精准地满足读者需求，提高阅读推广的效果。

（一）儿童阶段的阅读兴趣与成长需求

在儿童阶段，阅读兴趣主要由图画书、简单的故事书以及寓教于乐的书籍构成。这个阶段的孩子正处于认知和语言发展的关键期，绘本、童话故事和带有丰富插图的书籍能够吸引他们的注意力，并激发他们的想象力。图书馆为儿童提供的阅读资源，通常以故事情节为主，通过生动有趣的内容来引导他们进入阅读的世界。通过阅读这些富有教育意义和娱乐性的书籍，孩子们不仅能够获得知识，还能培养阅读的兴趣和习惯。

随着年龄的增长，孩子们逐渐过渡到有更多文本内容的书籍。青少年对小说、探险故事、科幻文学等类型的书籍表现出浓厚兴趣。图书馆可以根据这个阶段的特点，提供更多具有挑战性的阅读材料，如文学经典、科普书籍以及现代小说等，满足他们对探索未知世界的需求。同时随着青少年自主意识的增强，图书馆还可以提供与同龄人讨论的机会，通过读书会、讲座等形式增加他们的参与感，培养他们的批判性思维和独立判断能力。

（二）青少年阶段的社交需求与情感认同

进入青少年阶段后，读者的兴趣逐渐多元化，阅读内容不仅仅限于知识性材料，更涉及情感认同、社交需求和个体成长等方面。青春期是个体探索自我和社会关系的关键时期，很多青少年对自我身份、爱情、友情、成长的探索充满兴趣。这个阶段的读者对书籍内容的情感共鸣非常重要，他们更倾向于阅读那些能够帮助他们理解自己或他人的图书。

图书馆可以通过为青少年群体提供多样化的书籍资源，来满足他们对自我认同和社交互动的需求。青春文学、心理学、人生哲学、社会问题等主题的书籍往往能引起青少年的兴趣。在这个年龄段，青少年读者不仅更容易受故事情节的吸引，还对人物的情感纠葛和社会议题产生强烈的兴趣。因此，图书馆不仅可以提供传统的文学和小说资源，还可以增加与青少年成长相关的实用资源，如职业规划、心理健康和人际关系等内容的书籍。

（三）成人阶段的实用性需求与思辨性阅读

随着年龄的进一步增长，成人阶段的阅读兴趣则更多地转向实际应用与思辨性思考。成年人对知识的需求更加广泛，涵盖了从职业发展、经济管理到历史研究、文化理论等各个领域。阅读兴趣开始更多地围绕如何解决实际问题、拓宽视野以及提升个人素养展开。对于这个年龄段的读者，图书馆的资源应注重提供多样的专业书籍、经典文献以及相关领域的前沿研究。

除了实用性强的书籍，成年人还倾向于进行更深入的思辨性阅读，他们对社会、政治、哲学、历史等具有较高思维挑战的书籍感兴趣。图书馆可以通过设置专题书展、组织讲座和讨论会等形式，鼓励成人读者参与更为深入的思维交流和知识共享。随着互联网和社交媒体的普及，数字化书籍和在线平台也成为成人群体获取知识的重要途径。图书馆需要与时俱进，不断扩展数字资源的提供方式和形式，以便满足成人读者对便捷性和多样性的需求。

不同年龄段的阅读兴趣差异不仅反映了个体的认知发展、社会需求和情感变化，还影响了图书馆资源的配置与服务策略。从儿童对图画书和故事书的兴趣，到青少年对情感认同与社交互动的需求，再到成人对专业知识和思辨性阅读的渴望，公共图书馆在开展阅读推广活动时，需要根据这些年龄特点和需求提供适合的资源和服务。通过针对性地设计阅读推广活动，图书馆能够帮助不同年龄段的读者培养良好的阅读习惯，激发他们持续的阅读兴趣，推动全民阅读的普及和深化。

二、性别对阅读选择的影响

性别在许多文化和社会中都扮演着重要的角色，它影响着个人的行为、兴趣甚至价值观。阅读偏好作为其中一项深受性别影响的行为，表现出明显的性别差异。从小到大的阅读经历和兴趣的形成，往往受到性别角色的潜移默化影响。公共图书馆作为社会文化的传播者，在推动全民阅读的过程中，不仅需要关注年龄段的差异，还应考虑到性别对阅读兴趣和选择的影响。理解性别差异对阅读选择的作用，有助于图书馆制定更具包容性和针对性的服务方案，推动阅读的平等与多样性。

（一）男性和女性在阅读兴趣上的差异

男性和女性在阅读兴趣上展现出一定的差异，这种差异并非由生理差异直接决定，而是受到社会文化和性别角色期望的深刻影响。一般来说，男性读者在选择书籍时更倾向于选择科幻、历史、冒险等题材的书籍，这些书籍通常富含行动、技术、冒险等元素，与传统的男性气质和社会期待相契合；而女性读者则往往偏好文学、情感、家庭以及社会关系方面的书籍。女性读者的兴趣更为丰富，通常愿意探讨人物之间的情感变化、家庭和社会角色的复杂关系等内容。

图书馆在选择书籍时，必须认识到这些性别差异，并根据读者群体的需求提供多样化的资源。对于男性读者，图书馆可以加强科幻、历史、战争等主题的书籍收藏，同时增加这类书籍的推广活动，帮助男性读者发掘不同类型的阅读材料；而对于女性读者，除了文学和家庭类的作品外，图书馆也应当提供更多的自我成长、职场发展、女性励志等相关领域的书籍，拓宽其阅读视野。

（二）性别角色与阅读偏好的社会影响

社会对于性别角色的传统认知往往影响着个体的阅读偏好。在传统观念中，男性被期望具备理性、果敢和独立的特点，而女性则被视为更为温和、情感丰富和细腻。因此，男性在选择书籍时倾向于选择更加理性、具有挑战性和深度的内容，而女性则更多关注人物情感、家庭生活以及人际关系的描绘。这种性别角色期望不仅限于家庭教育，还在学校教育和社会文化环境中不断被强化和固化。

图书馆在进行阅读推广时，应该警惕性别固有偏见对书籍选择和阅读行为的潜在影响。比如针对男性的阅读推广活动，可以通过增加科技、创新、探险类书籍的宣传，鼓励男性读者拓宽阅读领域，打破传统性别局限。对女性读者的阅读推广，除了关注文学类书籍，可以关注职场技能、历史、科技等领域，帮助女性读者消除性别偏见，发现和培养新的阅读兴趣和领域。通过多样化的阅读推荐，图书馆不仅能满足读者的兴趣，还能引导其打破性别局限，发展更加广泛的知识兴趣。

（三）性别差异对图书馆服务设计的影响

公共图书馆作为文化传播的主要载体，其服务设计需要根据性别差异的影响来进行相应调整。女性读者更偏好小巧、精致且富有情感色彩的书籍，而男性读者则更青睐于具有挑战性、严肃性的作品。因此，图书馆可以通过多样化的馆藏资源设计来满足不同性别读者的需求。在书架陈列上，图书馆可以将图书按照主题和类型进行分类，避免单一的性别刻板印象。图书馆在策划阅读活动时，可以根据性别差异提供个性化的服务，如为女性读者提供职业发展、家庭教育类的讲座，为男性读者组织科技探索、历史研究类的活动，增强性别平等性，避免性别歧视。

在图书馆的服务空间设计上，可以考虑不同性别的需求。女性更倾向于在安静、温馨的环境中进行阅读，而男性更喜欢能够提供讨论和互动的空间。通过合理设计阅读区域和活动空间，图书馆不仅能够提升读者的阅读体验，还能够根据性别差异提供更为舒适和有效的阅读环境。针对性别差异的读书俱乐部和社交活动能够促进不同性别读者之间的互动和理解，进而推动图书馆服务的多元化和包容性。

性别差异在阅读选择中的作用是显而易见的，它不仅仅体现在书籍内容的偏好上，也在社会文化对性别角色的期待中得到体现。公共图书馆作为文化服务的提供者，必须认识到性别差异的存在，并采取相应的策略，提供更加多元化、包容性强的阅读服务。通过精心设计馆藏资源、开展主题活动和优化服务环境，图书馆能够有效引导不同性别的读者拓宽阅读视野，打破传统性别偏见，提升全民阅读的普及性与平等性。这不仅有助于激发读者的阅读兴趣，还为社会的性别平等与文化多样性发展提供了有力支持。

三、阅读推广中的性别平等考虑

性别平等是现代社会的重要价值之一，尤其在阅读推广领域，性别平等的落实对社会文化进步具有重要意义。尽管传统上男性和女性在阅读兴趣和需求上存在一定差异，但这些差异不应成为设限的障碍，反而应该通过创新和包容性设计得到尊重与平衡。公共图书馆作为促进知识共享和文化交流的重要场所，其在开展阅读推广活动时，应当注重性别平等的考量，避免性别偏见或刻板印象的影响。通过提供多样化、无性别歧视的阅读资源，图书馆能够帮助读者从性别角色的框架中解放出来，推动性别平等的文化建设。

（一）图书馆服务中的性别中立性设计

性别中立性设计不仅是尊重每一个性别的表现，还是推动性别平等的重要措施。在许多文化中，性别往往会被不自觉地投射到阅读材料的选择和展示上。某些图书馆无意识地将女性文学或浪漫小说标榜为“女性专属”，而将冒险、科技类的书籍归为“男性喜好”。这种隐性分类不仅限制了读者的选择，还加剧了性别角色的刻板印象。

要推动性别平等，图书馆的服务设计必须摒弃性别的界限，提供平等的选择机会。这可以体现在馆藏书籍的分类、书展的安排、阅读活动的组织等方面。在图书馆的书架上，图书不再根据性别做明显区分，而是按照主题、类型、内容来分类；图书馆可以通过创建性别中立的阅读环境，提供既适合男性又适合女性的书籍资源，避免设立专门的“男性书区”或“女性书区”。图书馆通过不断更新馆藏，确保提供丰富的作品，涵盖广泛的社会、科技、历史等领域，满足所有读者群体的需求。

（二）性别敏感的阅读活动设计

在阅读推广活动中，性别敏感性设计至关重要。性别不应成为活动内容选择的限制，而应是促进多样性和包容性的关键因素。在组织读书会或讲座时，图书馆可以选择性别中立的议题，涉及普遍的文化、科技、历史等领域，而非围绕性别偏好设置话题。图书馆还应鼓励和支持性别议题的讨论，如女性在历史中的地位、男性情感表达的方式等。通过这样的方式，不仅能促进性别平等的观念传播，还能帮助读者建立多元的阅读视角。

图书馆在举办性别相关的阅读活动时，可以邀请不同性别背景的嘉宾参与，增加活动的多样性和广度。可以邀请女性作家和男性作家共同参与讨论，或者安排跨性别和非二元性别的嘉宾分享其创作与阅读经验。这样的设计能够帮助读者理解多种性别身份和文化观念，突破性别偏见和定式思维，促进平等与包容。

（三）消除性别偏见，促进平等参与

性别偏见往往不仅体现在图书馆的资源分配和活动安排中，在读者的参与态度上有所体现。许多女性因为社会对她们的传统期待，更倾向于选择文学、家庭或育儿类书籍，而男性则偏好科技、历史类书籍，这种性别化的偏好在潜移默化中影响了读者的选择。然而图书馆在推广阅读的过程中，必须提供一个没有性别歧视的开放平台，让每一位读者都能够根据自身兴趣自由选择书籍，而不被社会或文化对性别角色的刻板要求所限制。

为了消除性别偏见，图书馆可以通过组织不同主题的阅读活动来促进性别平等的观念，鼓励读者跨越性别局限，选择自己感兴趣的书籍，而不仅仅是依赖传统的性别分配。图书馆可以设计以打破性别角色限制为主题的讲座或读书会，探讨如何在现代社会中理解性别平等和多样性，进一步激发读者对平等权利和尊重的兴趣。图书馆还应积极参与性别教育，培养儿童和青少年的性别意识，使其从小就能理解并接受平等的性别观念，培养更加开放和包容的社会态度。

在阅读推广中，性别平等的考虑不仅仅是提供适合不同性别的书籍资源，更重要的是营造一个无性别歧视的阅读环境，消除性别偏见，让每个读者都能自由选择与自己兴趣和需求匹配的书籍。通过性别中立的设计、敏感的活动安排以及对性别平等的积极推动，公共图书馆能够在文化传播中起到桥梁作用，促进社会的性别平等。在未来的阅读推广中，图书馆不仅需要关注书籍内容的多样性，还要关注如何通过文化建设来打破性别角色的局限，推动全社会在知识获取和文化认同上的平等与包容。

四、公共图书馆如何平衡不同年龄与性别需求

公共图书馆在促进全民阅读的过程中，不仅要满足读者的基础阅读需求，还应关注性别和年龄这两个维度的差异性。不同年龄段的读者在阅读兴趣、知识需求和阅读方式上具有显著不同，而性别差异也在一定程度上影响了读者的阅读偏好。因此，如何在公共图书馆的服务设计中平衡不同年龄和性别需求，成为提升图书馆服务质量和阅读推广效果的关键。只有通过科学的资源配置、精准的服务设计以及灵活的推广活动，图书馆才能在尊重多样性的基础上，为每个群体提供适宜的阅读体验，进而推动全民阅读的全面发展。

（一）根据年龄差异精准设计阅读资源与活动

不同年龄群体的阅读需求和兴趣具有显著差异，儿童和青少年通常更倾向于选择富有故事性、趣味性和教育性的书籍，而成年人则对实际应用、职业发展以及文化深度类的书籍有更高需求。老年人则更加关注健康、养生、生活回忆和精神慰藉类书籍。因此，图书馆在资源配置和服务设计上，必须充分考虑这些年龄差异，以便为各个年龄段的读者提供个性化和多元化的阅读材料。

为了平衡不同年龄群体的需求，公共图书馆应根据年龄段的特点，进行馆藏资源的合理规划与分类。为儿童读者准备富有创意和教育意义的图画书、科普书籍以及互动性强的数字资源；为青少年提供丰富的小说、励志书籍、历史或科学探索类的读物；为成年人提供专业领域的书籍和热门的非虚构类作品；为老年读者提供情感寄托和兴趣娱乐相关的书籍和资料。同时图书馆还应根据不同年龄段读者的兴趣，定期举办专门的阅读活动。为儿童举办亲子阅读活动，为青少年组织图书讨论会，为老年人策划养生知识讲座，确保各个年龄段的读者在活动中都能获得满足其需求的知识与社交体验。

（二）注重性别平等，避免性别刻板印象

性别差异在阅读兴趣和选择中同样发挥着重要作用，然而许多公共图书馆的资源配置和服务设计往往无意识地强化了性别刻板印象。文学类书籍更多地面向女性，而科技、历史类书籍则通常被认为是男性的偏好。为了平衡不同性别的需

求，图书馆需要采取性别中立的资源配置策略，以确保每个读者无论性别，都能够自由选择符合自己兴趣的书籍。

性别平等的服务设计不仅仅体现在馆藏资源的均衡配置上，还应体现在图书馆活动和项目的推广上。图书馆可以通过打破传统性别角色的束缚，举办更加多元化和包容的活动，通过邀请男性和女性作家共同举办讲座和读书会，来促进性别平等；或通过鼓励男性读者参与情感类书籍的讨论和女性读者探索科技类书籍，帮助打破性别偏见，实现知识的共享和平等获取。为了最大化满足不同性别读者的需求，图书馆应当培养和鼓励读者对多元内容的兴趣，避免单一的性别定向阅读模式。

（三）灵活应对跨年龄和跨性别群体的服务需求

随着社会对性别平等和年龄差异的关注日益增加，公共图书馆需要更好地应对跨年龄和跨性别群体的阅读需求。这要求图书馆在服务设计上具有更大的灵活性和包容性。尤其在如今多元化的社会背景下，传统的年龄和性别划分逐渐模糊，越来越多的读者不再局限于传统标签所划定的阅读内容。因此，公共图书馆不仅要根据年龄和性别的普遍趋势进行资源配置，还应根据个体需求和变化趋势进行灵活调整。

图书馆可以为家庭或多代同堂的读者提供适合不同年龄段共享的阅读资源，这样可以促进代际之间的交流与共读。图书馆也可以为特殊群体（如跨性别群体或有特殊兴趣的群体）提供专门的资源和活动，确保这些群体在图书馆获得平等的服务和支持。图书馆还应通过数据收集和读者反馈，动态调整资源配置，针对性别、年龄及其他多样化因素，及时推出符合实际需求的阅读推广活动。

公共图书馆在满足不同年龄和性别群体的阅读需求时，需要秉持多样性和包容性的理念，合理平衡资源配置与服务设计，确保每个读者都能够在无性别、无年龄偏见的环境中找到适合自己的阅读材料。通过针对性强的活动设计、丰富多样的书籍选择和灵活的服务策略，图书馆不仅能够增强全民阅读的参与感，还能够推动社会对文化多样性和性别平等的认同与支持。通过这些努力，图书馆将在促进社会和谐、文化繁荣方面发挥更加重要的作用。

第四节　地区与社会经济差异对阅读推广的影响

一、城乡差异对阅读推广的挑战

城乡差异是中国社会发展中长期存在的结构性问题，尤其在阅读推广领域，城乡差异所带来的挑战尤为突出。公共图书馆的服务资源、阅读材料的供给以及文化活动的组织等方面，城乡之间存在明显的差异。这些差异不仅影响了城乡居民对阅读的接触机会和阅读质量，还加剧了社会信息的不平等。

（一）图书馆资源配置的不平衡

在城乡之间，图书馆资源的配置存在显著差距。城市地区的公共图书馆由于经济发展和政府投入较多，馆藏丰富、设施完备，能够提供更多的读书空间和文化活动。而农村和偏远地区的图书馆往往面临着馆藏资源匮乏、资金不足和基础设施不健全等问题，导致这些地区的居民难以接触到丰富的阅读材料和文化服务。尤其对于农村地区的孩子和老年人来说，他们往往缺乏直接的图书馆资源，阅读的机会远远低于城市居民。这种资源配置的不平衡，直接制约了农村地区居民的文化素质提升，也影响了全民阅读的普及程度。

（二）数字鸿沟与信息获取的差异

随着数字化进程的加速，网络和数字资源逐渐成为人们阅读的重要渠道。然而城乡之间在信息化建设上的差距仍然较大，特别是在农村和边远地区，许多地方尚未完全实现互联网的普及，许多家庭依旧面临无法接入网络或设备不足的困境。这使得这些地区的居民，尤其是老年人、青少年和低收入群体，难以通过网络平台获取丰富的数字阅读资源，进一步加大了城乡之间的文化鸿沟。

（三）文化活动和阅读推广的差异化

除了图书资源的差异，城乡之间在文化活动和阅读推广方面也存在显著差异。城市地区由于文化氛围浓厚，公共图书馆能够定期举办各种文化活动，如读书沙龙、讲座、书展等，吸引了大量读者的参与。而在农村地区，由于文化活动的组织成本较高，缺乏足够的文化设施和专业人员，阅读推广活动难以得到有效开展。这种文化活动和阅读推广的缺失，导致了农村居民对阅读的兴趣和参与度较低，影响了全民阅读的推广效果。

城乡差异对阅读推广的挑战，表现在资源配置不均、数字鸿沟以及文化活动的不平衡等方面。要实现全民阅读的目标，公共图书馆必须采取差异化的策略，根据不同地区的实际情况进行调整，缩小城乡之间的文化差距。通过资源的合理配置、数字化服务的推广以及文化活动的普及，可以有效促进农村地区居民的阅读参与，提升他们的文化素养，最终推动全民阅读的全面发展。

二、不同经济发展水平下的阅读推广策略

经济发展水平直接影响着一个地区的公共服务建设与文化发展，尤其在阅读推广方面，经济差异显著决定了阅读资源的供给与传播方式。发达地区通常能够为其居民提供更加丰富的文化资源、更加完善的阅读服务与更多样化的阅读活动，而经济较为落后的地区则往往面临资源不足、信息封闭和文化活动缺乏等问题。这种经济差异不仅导致了不同区域间居民的阅读机会不平等，还影响了全民阅读的广泛推广。因此，如何根据不同地区的经济发展水平，采取差异化的阅读推广策略，已成为各级公共图书馆和文化部门的重要任务。

（一）高经济水平地区的阅读推广策略

在经济发达地区，公共图书馆的资源通常比较丰富，基础设施完备，能够提供各类高质量的图书、期刊以及数字资源，这些地区的阅读推广更注重个性化、差异化和深度化的服务。发达地区的阅读推广策略更多地聚焦于如何提升读者的阅读兴趣，增加阅读的深度，培养长期的阅读习惯。因此，这些地区可以通过举办高端读书沙龙、专家讲座、书籍推荐等活动，吸引不同年龄、性别、职业的群体参与，并提升他们的文化素养。

同时经济发达地区可以依托强大的信息技术基础设施，推动数字化阅读的全

面发展。图书馆可结合社交媒体平台，运用大数据分析用户的阅读兴趣和需求，定制个性化的书单和推广计划，提高阅读的精准性和参与感。除了传统的纸质书籍，电子书籍、电子杂志、在线课程等形式的资源也可以更大程度上满足高收入群体对知识多元化、时效性和便捷性的需求。发达地区的图书馆也应当注重社会文化活动的多样性，举办不同主题的文化节、书展等，丰富社区居民的文化生活，培养全民的阅读氛围。

（二）中等经济水平地区的阅读推广策略

对于经济中等水平的地区，公共图书馆的资源相较发达地区更为有限，但相较落后地区，又具备一定的资源优势。这类地区的阅读推广策略应当注重平衡性和实用性，在有限的资源下最大化提升阅读服务的覆盖面。中等经济水平地区的公共图书馆可以通过优化资源配置，加强与学校、企业和社区的合作，联合开展各类阅读活动，提升全民阅读的参与度。

这类地区的图书馆可以开展更多具有普及性的阅读活动，如读书会、儿童阅读活动和家庭阅读指导等，尤其应关注青少年和低收入家庭的阅读需求，推动阅读资源向这些群体倾斜。同时中等经济水平地区也应关注数字化阅读的普及，尤其是利用互联网资源，建设免费的公共电子图书馆，帮助这些地区的居民更加便捷地接触到优质的数字书籍和在线学习资源。针对这些地区的特殊需求，图书馆还可以通过定期开展基础教育、职业培训等项目，促进不同群体之间的文化交流与知识传播。

（三）低经济水平地区的阅读推广策略

对于经济较为落后的地区，公共图书馆面临的最大挑战是资源不足和服务覆盖范围有限。在这种情况下，公共图书馆需要结合当地经济条件和文化特点，采取创新的阅读推广策略。最直接的措施是通过政府和社会力量的合作，为低收入群体提供基础性的阅读支持，定期捐赠图书、开展流动图书馆服务等，确保即便是边远乡村地区的居民，也能够享受到基本的阅读服务。

与此同时低经济水平地区的图书馆应重视通过网络与数字技术降低资源获取

的门槛。建设远程图书馆系统，让居民可以通过智能手机、平板电脑等设备访问数字图书馆，实现“互联网+”时代的全民阅读推广。低经济水平地区的图书馆还应通过文化资源的整合，开展面向农村、少数民族等特殊群体的文化教育和阅读活动。定期组织农民夜校、书香乡村等活动，结合农村居民的生活实际，提高他们的阅读兴趣和参与度。

不同经济发展水平的地区，在阅读推广过程中面临的挑战和策略各异。经济发达地区能够依托完善的资源和信息技术，开展精细化的个性化阅读推广；中等经济水平地区则要注重资源的优化配置，搭建多元化的阅读平台；而低经济水平地区则需要通过创新的方式解决资源不足的问题，利用数字化手段实现资源的平等共享。无论经济水平如何，公共图书馆都应当通过因地制宜的策略，推动全民阅读的深入发展，促进社会各阶层、各地区居民文化素质的共同提升。

三、社会结构变化对阅读需求的影响

社会结构的变化在当今快速发展的时代中愈加明显，影响着人们的生活方式、价值观念和知识获取方式。城市化进程的加快、家庭结构的变化、社会流动性和职业变化的增大，都在不断重塑个体的阅读需求和行为模式。公共图书馆作为文化传播的主要阵地，必须适应这些变化，及时调整阅读推广策略，以更好地满足读者日益多元的需求。理解社会结构变化对阅读需求的影响，不仅有助于图书馆提升服务质量，还能促进全民阅读的普及和深化。

（一）城市化进程与阅读习惯的变迁

随着城市化进程的加速，越来越多的人口迁移至城市，这一变化深刻影响了居民的生活方式与阅读习惯。在城市中，生活节奏加快，信息传播的速度和广度显著提升，居民对知识的渴求与日俱增。在这种背景下，公共图书馆的角色愈加重要，成为城市居民获取信息、进行知识积累的主要场所。

城市居民通常会因为工作和生活的压力而选择更加便利和快速的阅读形式。数字阅读的兴起，特别是电子书、在线期刊和移动阅读应用的普及，使得城市读者可以在繁忙的生活中迅速获取知识。在这一趋势下，公共图书馆需要积极推动数字化转型，提供丰富的数字资源，以适应读者对高效、便捷阅读的需求。同时为了满足城市中不同群体的阅读需求，图书馆还应设计多样化的阅读活动，吸引不同职业和背景的居民参与，进一步提升城市阅读氛围。

（二）家庭结构变化与儿童青少年的阅读需求

家庭结构的变化同样对阅读需求产生了深远影响。在现代社会中，单亲家庭、双职工家庭以及其他多元家庭形式日益增多。这些家庭结构的变化直接影响了家庭的教育方式和孩子的阅读习惯。对于儿童和青少年来说，家庭的阅读环境、父母的参与程度以及教育方式都会显著影响他们的阅读兴趣和能力。

在单亲家庭或双职工家庭中，父母因为工作繁忙而无法投入足够时间陪伴孩子进行阅读，这使得孩子们在阅读时往往缺乏引导和支持。为了应对这种情况，公共图书馆可以通过举办亲子阅读活动、家长培训班等形式，帮助父母了解如何在有限的时间内有效地进行阅读指导。同时图书馆也应当为儿童和青少年提供丰富多彩的阅读资源和活动，鼓励他们自主探索知识，培养他们的阅读兴趣和能力。通过营造良好的阅读环境和支持体系，公共图书馆可以在一定程度上弥补家庭教育中的不足，促进儿童和青少年的健康成长。

（三）社会流动性与职业变化对阅读内容的影响

社会流动性和职业变化的加大，使得人们在职业生涯中不断面临新的挑战和机遇。这种变化不仅影响着人们的生活方式，还对其阅读需求提出了新的要求。随着人们对职业发展的重视，许多人在工作之余希望通过阅读提升自身能力、积累专业知识，以便适应快速变化的市场环境。

公共图书馆在这一背景下，需要加强对职业发展相关书籍和资源的提供。可以通过建立职业发展专区，提供与职业技能提升、职场心理、行业动态等相关的书籍和材料，满足读者对专业知识的渴求。同时图书馆还应开展职业发展讲座、技能培训和行业交流活动，鼓励读者通过阅读来实现自我提升与职业发展。这种服务不仅能够增强图书馆的吸引力，还能有效促进知识的传播和应用，为社会经济的发展贡献力量。

社会结构的变化对阅读需求的影响是深远而复杂的，城市化进程带来了阅读方式的转变，家庭结构的变化影响了儿童青少年的阅读习惯，而社会流动性和职业变化则要求人们在阅读中寻找更多的专业知识和技能。为了适应这些变化，公共图书馆需要根据不同读者的需求，灵活调整资源配置和服务模式。通过丰富的数字资源、适应家庭变化的阅读活动以及职业发展相关的支持，图书馆能够更好地满足社会各群体的阅读需求，推动全民阅读的深入发展。

四、区域性公共图书馆资源的配置优化

区域性公共图书馆在促进全民阅读中扮演着至关重要的角色，然而由于地域和社会经济发展的差异，图书馆资源的配置往往不尽合理。资源的不足或分配不均，不仅影响了图书馆的服务能力，还制约了阅读推广活动的广泛开展。为了解决这一问题，区域性公共图书馆需要在资源配置上进行优化，结合当地的实际情况，针对不同人群的需求进行调整，以确保所有读者都能获得平等的阅读机会。这种优化策略不仅能提高图书馆的服务效率，还能够更好地推动全民阅读的实现，促进文化的传播和社会的进步。

（一）评估区域内阅读需求的多样性

在进行资源配置优化之前，需要对区域内的阅读需求进行全面评估。不同地区的文化背景、经济状况、教育水平和居民的兴趣爱好等因素都会影响当地居民的阅读需求。因此，公共图书馆需要通过调研、问卷、座谈等方式，深入了解区域内各类读者的具体需求，尤其是关注不同年龄、性别、职业和社会经济背景的群体。通过科学的数据分析，图书馆能够识别出各类读者的共性需求与特殊需求，从而在资源配置上做出更有针对性的决策。

一旦明确了区域内的阅读需求，图书馆可以根据实际情况调整馆藏结构和服务内容。如果调研结果显示青少年对科技类书籍的需求较高，那么图书馆就应优先增加此类书籍的购入；而对于老年人，若发现其对健康养生类书籍的需求迫切，图书馆也应及时补充相关资源。这样的需求评估与资源配置的精准匹配，不仅能够提高读者的满意度和参与感，还能在一定程度上激发读者的阅读兴趣，形成良好的阅读氛围。

（二）加强数字资源与实体资源的整合

在当今信息化社会，数字资源的建设与实体书籍的提供同样重要。区域性公共图书馆在优化资源配置时，应注重数字资源与实体资源的整合。数字资源可以有效补充传统图书馆在空间和藏书数量上的局限，使读者在不受地理限制的情况下，获得丰富的知识和信息。通过构建数字图书馆平台，图书馆可以将电子书、在线期刊、教育视频等资源整合在一起，方便读者随时访问和使用。

区域性公共图书馆还可以利用信息技术，提升数字资源的使用效率。通过建立移动应用和在线借阅系统，让读者能够在手机或电脑上轻松查找和借阅所需书籍。同时定期进行数字资源的宣传与培训，使更多读者了解和掌握数字图书馆的使用方法，降低使用门槛。通过数字资源与实体资源的有机结合，图书馆不仅能增强服务的灵活性，还能更好地满足不同读者的需求，提高资源的利用率。

（三）促进区域间的资源共享与合作

区域性公共图书馆的资源配置优化还应注重促进区域间的资源共享与合作。由于一些小型图书馆的资源相对匮乏，通过区域间的协作，能够实现优势互补、资源共享。多个图书馆可以共同成立联盟，建立资源共享机制，共同开展阅读推广活动。这种合作不仅能扩大资源的覆盖面，还能提升各个图书馆的服务能力。

在共享资源的基础上，图书馆还可以联手开展联合活动，如跨馆读书会、书展和讲座等。这样的活动不仅丰富了阅读内容，还让不同地区的读者有机会接触到更广泛的知识和文化。这种合作与共享的方式，能够有效减少因资源不足带来的局限性，进一步推动区域文化的发展与全民阅读的推广。

优化区域性公共图书馆的资源配置，是应对地区与社会经济差异影响的重要举措。通过全面评估区域内的阅读需求，加强数字与实体资源的整合，促进区域间的资源共享与合作，公共图书馆能够更好地满足不同读者的需求，提升服务质量。这不仅能够推动图书馆自身的发展，还为实现全民阅读、促进文化平等与社会进步提供了有力支持。在未来的发展中，各级公共图书馆应继续探索资源配置的优化路径，确保每个读者都能在良好的阅读环境中获取知识与乐趣。

第五章　阅读推广的评价机制与效果评估

第一节　阅读推广效果评估的指标体系

一、阅读推广的社会效益评估

阅读推广的社会效益是评估其有效性与影响力的重要指标，通过了解阅读推广对社会的积极作用，能够为公共图书馆和相关机构提供决策依据，优化资源配置与推广策略。社会效益不仅体现在提升个人阅读能力和文化素养上，更涉及对社区文化氛围的营造、社会互动的促进以及全民阅读意识的提升。因此，建立科学合理的社会效益评估指标体系，能够更全面地反映阅读推广的价值，推动图书馆及其相关机构在阅读推广工作中不断完善和创新。

（一）提升个人文化素养与阅读能力

阅读推广的首要社会效益在于提高个人的文化素养和阅读能力。阅读既是获取知识的途径，又是提升思维能力和创造力的重要方式。公共图书馆通过各类阅读推广活动，能够帮助读者拓宽知识面，丰富思想内容，提高信息筛选和批判性思维的能力。图书馆可以开展多层次的阅读指导和讨论活动，引导读者在阅读中进行深入思考和分析，从而提升其理解和运用知识的能力。

通过系统的评估，图书馆可以掌握读者在阅读能力提升方面的具体变化，如通过阅读测试、读书报告和反馈问卷等方式，了解读者的知识掌握情况和阅读习惯的变化。这种评估不仅可以为图书馆的阅读推广活动提供有价值的数据支持，又能为读者提供个性化的阅读建议和学习路径，促进其在知识上的进一步成长。

(见表 5-1)

表 5-1　个人文化素养与阅读能力提升评估

评估方法	目的	预期效果
阅读测试	了解读者知识掌握情况	提高阅读能力与理解力
读书报告	促进深入思考与分析	拓宽知识面，丰富思想内容
反馈问卷	掌握阅读习惯变化	提供个性化阅读建议
阅读指导与讨论活动	引导批判性思维的培养	提升思维能力与创造力

(二) 促进社区文化的建设与发展

阅读推广对社区文化的建设与发展具有积极的推动作用，公共图书馆作为文化交流的平台，通过组织各类阅读活动，不仅能够激发居民的阅读兴趣，还能够增强社区凝聚力，促进邻里关系的和谐。在阅读活动中，不同年龄、性别和背景的居民能够共同参与，分享各自的阅读体验和心得，从而在文化互动中加深相互理解。

评估阅读推广对社区文化的影响，可以从活动参与人数、社区活动的频率以及居民的满意度等多个角度入手。通过收集和分析这些数据，公共图书馆可以了解阅读推广在促进社区文化建设方面的实际效果，并据此调整和优化相关活动的设计与实施。通过文化活动的推广，不仅提高了居民的文化素养，还为社区的长远发展打下了良好的基础。

(三) 提升全民阅读意识与参与度

阅读推广的另一个重大社会效益在于提升全民阅读的意识与参与度。随着社会的快速发展，信息化和数字化日益普及，阅读的形式和内容也在不断演变。公共图书馆在推广阅读过程中，需要通过宣传和教育，让更多人认识到阅读的重要性和价值，从而激发其主动参与的热情。无论是通过举办全民阅读活动，还是通过媒体宣传阅读的重要性，都能够有效地提升公众的阅读意识。

为了评估阅读推广在提升全民阅读参与度方面的效果，可以通过问卷调查、访谈等形式，了解公众对阅读的看法、参与情况以及对阅读推广活动的反馈。收集到的数据可以帮助图书馆制定更有效的宣传策略和推广方案，进一步激励公众的参与。通过这种方式，公共图书馆不仅能够加强与读者之间的互动，还能推动形成良好的阅读氛围，使阅读成为社会普遍认同的文化活动。

阅读推广的社会效益评估对于理解其在文化传播、个人成长和社会发展的综合作用至关重要。通过提升个人文化素养、促进社区文化建设以及增强全民阅读意识，公共图书馆能够更有效地发挥其在社会中的价值。建立科学的评估指标体系，收集和分析相关数据，不仅有助于图书馆改进阅读推广策略，还为社会各界推动阅读文化的普及与发展提供了有力的支持。随着阅读推广的深入，图书馆将在促进全民阅读、提升文化素养方面发挥越来越重要的作用。

二、读者反馈与参与度的量化

在公共图书馆的阅读推广活动中，读者反馈与参与度是评估活动成效的重要指标。通过量化这些数据，能够为图书馆改进服务、优化资源配置提供科学依据。有效的读者反馈不仅能反映出参与者的真实体验和满意度，还能揭示出潜在的问题和改进方向。随着数字技术的发展，收集和分析读者反馈的手段也在不断丰富，从简单的问卷调查到大数据分析，图书馆能够更全面地了解读者的需求和阅读习惯。因此，建立一套系统的读者反馈与参与度量化机制，对提升阅读推广的效果和质量具有重要意义。

（一）多样化的反馈收集渠道

为了获得准确和全面的读者反馈，公共图书馆需要建立多样化的反馈收集渠道。这些渠道不仅包括传统的问卷调查和访谈，还可以通过数字平台、社交媒体和移动应用等方式，方便读者表达自己的意见和建议。通过问卷调查，图书馆可以获取有关读者对活动内容、时间安排和组织方式等方面的意见，而通过社交媒体和线上评论系统，读者能够更加随意地分享他们的体验和感受。

在收集反馈时，图书馆应当确保问卷设计的科学性与有效性，问题设置要简洁明了，确保能够反映出读者的真实想法。为了鼓励更多的读者参与反馈，可以考虑设置一些激励机制，如小礼品抽奖或图书馆的特定服务优惠。这种多样化的反馈收集渠道和激励措施，不仅能够提高读者的参与积极性，还能增加数据的有效性和准确性。（见表 5-2）

表 5-2 公共图书馆反馈收集渠道

收集渠道	方式	优势
问卷调查	纸质或在线问卷	获取系统性、定量的数据
访谈	一对一或小组访谈	深入了解读者的意见和需求
社交媒体	Facebook、微博、微信等	方便读者随时分享体验
移动应用	图书馆专属 App	便于实时反馈，提升用户体验
激励机制	小礼品抽奖、服务优惠	增加参与积极性，提升反馈质量

（二）定量与定性分析的结合

在收集到读者反馈后，进行定量与定性分析的结合至关重要。定量分析通过对反馈数据进行统计，能够直观反映参与度、满意度以及不同活动的受欢迎程度。这种分析方式可以帮助图书馆识别哪些活动最受欢迎，哪些方面需要改进。分析参与人数、借阅量、活动后续反馈等数据，可以为图书馆评估活动效果提供科学依据。

定性分析则关注读者的具体意见和建议，能够深入了解参与者的真实体验和潜在需求。通过对开放式问题的分析、用户故事的挖掘，图书馆可以获得更多的背景信息，从而发现一些定量数据无法揭示的问题。读者对活动的情感反馈、对服务质量的建议等，能够为图书馆提供更深层次的洞察。将定量与定性分析结合，能够为图书馆提供更加全面的反馈评估，帮助其在服务和活动设计上做出更加科学的决策。

（三）反馈与改进的循环机制

建立反馈与改进的循环机制，是提升阅读推广效果的重要策略。公共图书馆在收集到读者的反馈后，应该及时对其进行整理和分析，并根据反馈结果进行相应的调整和改进。图书馆可以定期发布活动评估报告，向读者展示其意见和建议如何影响了服务和活动的优化。这不仅能够增强读者的参与感和认同感，还能建立图书馆与读者之间的信任关系。

在实施改进措施后，图书馆应再次收集反馈，评估新措施的效果。这一过程形成了一个闭环，确保了读者反馈能够持续驱动服务的优化。这种循环机制的建立，使得公共图书馆能够始终保持对读者需求的敏感性和适应性，不断提升服务质量和阅读推广效果。通过这样的机制，图书馆不仅能够有效满足读者的需求，还能够在全社会推广阅读的过程中，发挥出更大的影响力。

读者反馈与参与度的量化评估在公共图书馆的阅读推广中具有重要意义。通过多样化的反馈收集渠道，结合定量与定性分析，建立反馈与改进的循环机制，图书馆能够更加准确地把握读者的需求和期待。这一系列举措，不仅提升了读者的参与感与满意度，还为图书馆的服务优化提供了有力支持。在未来的阅读推广活动中，持续关注读者反馈，及时进行改进，将有助于推动全民阅读的深入开展，促进社会文化的全面提升。

三、图书馆阅读活动的影响评估

图书馆的阅读活动是推动全民阅读的重要手段之一，其影响不仅体现在参与人数和借阅量上，更深远地影响着读者的文化素养、社会互动和阅读习惯的养成。评估这些活动的影响，不仅有助于了解其在社会文化层面的作用，还能为未来的活动设计与推广提供依据。通过系统的影响评估，公共图书馆能够更有效地优化资源配置，提升服务质量，从而实现更广泛的文化传播和阅读推广目标。

（一）参与度与读者反馈的综合分析

参与度是评估图书馆阅读活动影响的重要指标之一。通过统计参与人数、借阅书籍数量、活动反馈等数据，可以初步了解阅读活动的受欢迎程度。高参与度通常意味着图书馆的活动能够吸引到读者，激发他们的阅读兴趣，反之则反映出活动设计或宣传方面的问题。

除了参与人数，读者的反馈也是影响评估的重要内容。通过问卷调查、访谈等方式收集参与者对活动的看法，可以帮助图书馆了解活动的优缺点。反馈数据能够揭示读者对活动内容、时间、地点和组织方式的满意度，从而为后续活动的改进提供参考。如果大部分参与者对某次读书会表示满意，图书馆可以考虑将该活动形式定期化，而如果反馈中提到活动时间不便，则需调整活动安排以满足更多读者的需求。综合分析参与度与反馈数据，可以为图书馆的阅读活动提供更精准的改进方向，确保活动能够持续吸引读者的关注和参与。

（二）阅读习惯的变化与文化素养的提升

图书馆阅读活动的另一个重要影响是对读者阅读习惯的培养和文化素养的提升。通过参与各种阅读活动，读者有机会接触到不同类型的书籍和文化主题，从而拓宽视野，丰富阅读内容。这种积极的阅读行为不仅有助于培养良好的阅读习惯，还能够提升个人的文化素养。

评估阅读活动对阅读习惯的影响，可以通过长期跟踪参与者的阅读记录，分析其借阅书籍的种类和数量变化。如果发现参与活动的读者在活动后更加频繁地借阅相关主题的书籍，说明活动成功激发了他们的阅读兴趣。同时通过开展前后对比的调查，了解读者对阅读理解和文化素养的自我评估，也能反映活动的成效。阅读活动后，读者的文化知识储备和思维能力提升，能够在社会互动和个人发展中发挥积极作用，这正是图书馆阅读活动的深远影响所在。

（三）社区文化氛围与社会互动的增强

阅读活动不仅对个人产生影响，还对社区文化氛围和社会互动有着积极的推动作用。通过组织各种形式的阅读活动，图书馆能够成为社区的文化中心，促进居民之间的交流与互动。在活动中，不同背景的读者聚集在一起，分享各自的阅读体验和见解，增进了彼此之间的理解与沟通。

评估阅读活动对社区文化氛围的影响，可以通过对社区居民的满意度调查、参与活动后的互动频率变化等方式进行。若居民在活动结束后表示希望参与更多类似的活动，说明图书馆在促进社区文化建设方面发挥了积极作用。同时社区的整体参与度提高、阅读氛围浓厚，会带动更多的人参与到阅读中来，形成良好的社会风气。通过这些评估，公共图书馆可以不断优化其在社区文化推广中的角色，更好地服务于当地居民的文化需求。

图书馆阅读活动的影响评估是确保阅读推广活动有效性的重要环节。通过分析参与度与读者反馈、阅读习惯的变化与文化素养的提升，以及社区文化氛围与社会互动的增强，图书馆能够更全面地了解其活动对读者及社区的实际影响。这种评估不仅为图书馆的活动设计和资源配置提供了有力的支持，还有助于推动全民阅读的深入发展，提升社会的文化素养。通过不断优化和改进阅读活动，公共图书馆将为构建更加丰富和包容的阅读环境贡献力量。

四、阅读推广评估的国际比较

在全球化背景下，阅读推广已成为各国文化政策的重要组成部分。不同国家和地区在阅读推广的理念、方法和评估指标体系上各具特色，通过国际比较，能够为提升本国的阅读推广策略提供有益的借鉴和启示。对比分析各国在阅读推广中的成功经验和存在问题，不仅能帮助公共图书馆更好地理解自身的优势与不足，还能促进文化交流和合作，共同推动全民阅读的实现。通过这种国际视野的扩展，公共图书馆可以在全球范围内分享知识和经验，进一步提升阅读推广的效果。

（一）不同国家阅读推广评估的核心指标

在国际比较中，各国在阅读推广的评估中往往关注不同的核心指标。北欧国家强调阅读习惯的养成和阅读素养的提升，注重通过长期跟踪和评估来了解阅读活动对个人和社会的影响。在这些国家，阅读推广不仅仅是图书馆的任务，更是教育体系的重要部分，常常通过学校和家庭共同参与来实现。阅读推广活动的参与人数、借阅量及读者满意度等定量指标也是北欧国家评估的重要组成部分。

相较之下一些发展中国家在阅读推广的评估中则更加注重基础设施的建设和信息获取的平等。由于这些地区的公共图书馆资源相对匮乏，评估往往着重于图书馆对社区服务的覆盖率和图书馆设施的可及性。通过对比可以发现，不同国家在阅读推广评估中所关注的核心指标不仅反映了各自的文化背景和经济条件，还揭示了不同社会对阅读价值的认知与重视程度。

（二）成功案例与创新实践的借鉴

在国际比较的过程中，分析不同国家成功的阅读推广案例与创新实践对于本国的推广策略改进具有重要意义。芬兰的“读书活动日”和美国的“全国阅读月”均通过全国性的宣传和地方性的活动结合，成功激发了公众的阅读热情。这些活动不仅提高了阅读参与率，还增强了社会对阅读的重视。通过对这些成功案例的研究，公共图书馆可以借鉴其在活动策划、资源整合和社会动员等方面的经验，从而更有效地推动本地区的阅读活动。

创新实践方面，许多国家通过数字化手段提升阅读推广的效果，尤其是在疫情期间，许多图书馆转向线上活动。澳大利亚的图书馆推出了虚拟读书会和在线讲座取得了积极的反馈。通过这种国际视野的借鉴，公共图书馆能够及时掌握全球阅读推广的新趋势与新技术，提高自身服务的现代化水平，并满足日益变化的读者需求。

（三）文化差异与阅读推广策略的适应性

国际比较还揭示了文化差异对阅读推广策略的影响，不同国家的文化传统、教育理念以及社会结构都会影响其阅读推广的方式与效果。在某些国家，阅读被视为个人发展的重要工具，而在其他国家，阅读更多地被视为社交和文化交流的方式。因此，公共图书馆在进行阅读推广时，需要充分考虑这些文化差异，调整和优化自身的策略。

在制定阅读推广策略时，公共图书馆可以通过调研了解本地区的文化背景和居民的阅读习惯，以便设计符合当地实际的推广活动。在多文化背景的地区，图书馆可以通过引入不同语言和文化的书籍，举办多元文化的阅读活动，增强文化包容性。通过这些适应性的策略，公共图书馆不仅能够提升阅读推广的效果，还能促进社会的和谐与发展。

阅读推广评估的国际比较为公共图书馆的服务优化提供了重要参考。通过分析不同国家的评估指标、成功案例以及文化差异，图书馆能够更好地理解自身在阅读推广中的角色与责任。基于国际经验的借鉴与创新，公共图书馆可以制定更加符合本地区实际的阅读推广策略，推动全民阅读的深入发展，提升社会的整体文化素养。借助这种全球视野的提升，图书馆能够在更广泛的层面上促进文化交流和知识共享，为构建一个更加包容和多元的阅读环境贡献力量。

第二节　阅读推广中的读者群体分析

一、读者群体结构的变化趋势

随着社会的发展和科技的进步，公共图书馆的读者群体结构也在不断变化。这些变化不仅体现在读者的年龄、性别、教育背景等基本特征上，还反映出人们阅读习惯、需求和偏好的多样化趋势。理解这些变化趋势对公共图书馆制定有效的阅读推广策略至关重要。通过深入分析读者群体的结构变化，图书馆可以更好地适应新形势下的文化需求，提升服务质量，从而推动全民阅读的普及。

（一）年龄结构的变化与新生代读者的崛起

近年来，随着社会的快速变迁，公共图书馆的读者年龄结构发生了显著变化。传统上，图书馆的主要读者群体以中老年人为主，而随着年轻一代的崛起，尤其是千禧一代和Z世代的读者逐渐成为图书馆的主要用户，这一趋势在城市地区尤为明显。年轻读者通常具有更强的科技意识和多元化的阅读需求，偏好使用数字化资源和新兴的阅读平台。

为了更好地吸引新生代读者，公共图书馆需要了解这一群体的阅读特点和偏好。新生代读者在选择书籍时，往往倾向于小说、科幻、青少年文学及与流行文化相关的内容。同时他们更喜欢互动性和参与感强的阅读体验，通过参与读书会、在线讨论或社交媒体平台进行阅读分享。针对这一趋势，图书馆可以调整馆藏结构，增加符合年轻读者兴趣的书籍和数字资源，并通过创新活动吸引他们的参与，以便更好地满足新生代的阅读需求。

（二）性别比例的变化与阅读偏好的多样化

公共图书馆的读者群体性别比例也在悄然变化，越来越多的女性读者参与到图书馆的各类活动中。这一变化不仅反映出女性在社会中的地位提升，还影响了阅读偏好的多样化。近年来，女性读者对职业发展、心理健康、社会问题等主题的书籍表现出强烈的兴趣，这些主题的普及和对话在一定程度上提升了女性的文化素养和社会参与感。

为了更好地满足女性读者的需求，公共图书馆可以针对女性读者举办专题活动，如女性文学、心理健康讲座、职业发展研讨会等。通过提供一个支持性和互动性强的环境，图书馆不仅能够提升女性的阅读参与度，还能帮助她们在阅读中找到共鸣与支持。与此同时男性读者的需求同样重要，图书馆在推广活动中应确保资源和活动的性别平衡，以吸引所有性别的读者参与阅读活动，促进性别之间的文化交流。

（三）社会经济背景变化对读者群体的影响

随着社会经济的发展，读者的社会经济背景也在发生变化。中产阶级的壮大使得越来越多的人具备了更多的文化消费能力，开始重视知识的获取和文化的享受。这一群体在图书馆的参与不仅体现在对阅读的重视，还表现出对高质量文化活动的需求。他们希望通过阅读提升自己的专业能力和生活质量。

公共图书馆应针对不同社会经济背景的读者制定相应的服务策略。对于中产阶级群体，可以提供更高质量的专业书籍和深度文化活动，满足其对知识的高需求。同时对于低收入群体，图书馆也应提供更多免费的阅读资源和参与机会，确保所有读者都能平等享受阅读的乐趣。通过提供多样化的服务，公共图书馆能够在促进文化平等的同时推动各个社会经济背景的读者积极参与到阅读推广中来。

读者群体结构的变化趋势为公共图书馆的阅读推广带来了新的机遇和挑战。通过深入分析年龄结构的变化、新生代读者的崛起、性别比例的变化以及社会经济背景对阅读需求的影响，公共图书馆能够更好地理解读者的需求，制定相应的服务策略。关注这些变化，不仅能够提升图书馆的服务质量，还能促进全民阅读的全面发展，推动社会的文化进步与和谐。

二、不同读者群体的阅读需求差异

在公共图书馆的阅读推广工作中，不同读者群体的需求差异显著影响着服务的设计和实施。读者群体可以按照年龄、性别、教育背景、社会经济地位等多种维度进行划分，每一类群体在阅读兴趣、内容偏好和信息获取方式上都有其独特性。理解这些需求差异对于图书馆提供更加精准、有效的阅读推广服务至关重要。通过对不同读者群体的需求分析，公共图书馆可以更好地制定相应的资源配置和活动策划，推动全民阅读的深入发展。

（一）儿童和青少年群体的阅读需求

儿童和青少年群体的阅读需求集中于图画书、童话故事、科普读物和青少年小说等内容。这一年龄段的读者通常对故事情节和角色发展有着强烈的兴趣，渴望通过阅读探索不同的世界与人生。同时儿童和青少年正处于认知和情感发展的关键时期，适合的阅读材料不仅能够帮助他们提升语言能力，还能培养他们的想象力和创造力。因此，图书馆在为这一群体提供服务时，应重视书籍的趣味性和教育性。

为了满足儿童和青少年读者的需求，公共图书馆可以开展丰富多彩的阅读活动。定期举办亲子阅读活动、青少年读书分享会和文学创作工作坊等，旨在激发孩子们的阅读热情和参与感。通过互动性的活动，不仅能提高儿童和青少年的阅读能力，还能增强家庭之间的阅读交流，营造良好的家庭阅读氛围。图书馆还可以与学校合作，将阅读推广活动融入课堂教学中，确保孩子们在校内外均能获得充足的阅读支持。

（二）成人群体的多元需求

成人群体的阅读需求相对多样化，涉及领域包括职业发展、个人成长、心理健康、历史文化、科技等多个方面。与儿童和青少年相比，成人读者更倾向于选择实用性强、信息量大且内容深刻的书籍。他们在阅读中寻求的通常是解决实际问题的方法和提升自我的途径，这使得公共图书馆在资源配置时必须考虑到成人读者的特定需求。

为了更好地服务成人群体，公共图书馆应当提供多样化的书籍和专业资源。增设与职业发展、财务管理、心理健康等主题相关的书籍，组织专业讲座和技能培训，帮助读者在知识层面上实现个人成长。同时图书馆还可以通过搭建社交平台，鼓励成人读者分享自己的阅读经验和心得，促进彼此之间的互动。通过这些措施，公共图书馆不仅能够提升成人读者的阅读参与度，还能推动其社会交往和网络建设，为个人的生活与事业发展提供助力。

（三）特殊群体的需求关注

特殊群体的阅读需求往往被忽视，但实际上，这些群体在阅读中面临的挑战和需求具有其独特性。残障人士、低收入家庭的成员以及少数民族的读者在获取阅读材料时，会遇到信息的可得性、阅读材料的适宜性等问题。公共图书馆在推进阅读推广时，必须关注这些特殊群体的需求，提供针对性的支持和资源。

针对残障人士，图书馆可以提供无障碍的阅读材料，如盲文书籍、有声读物及电子书，确保其能够方便地获取所需信息。同时为低收入家庭提供的免费或优惠借阅服务也至关重要，以便使这一群体不因经济原因而被排除在文化消费之外。对于少数民族读者，图书馆则应积极引入其母语书籍，开展多元文化的阅读活动，促进文化认同与交流。通过制定有效的策略，公共图书馆能够为不同的特殊群体提供支持，推动全民阅读的真正实现。

不同读者群体的阅读需求差异在公共图书馆的服务中扮演着重要角色。通过分析儿童和青少年群体的兴趣、成人群体的多元需求，以及特殊群体的关注，图书馆可以制定更为精准的阅读推广策略。这不仅有助于提高各类读者的参与度与满意度，还能推动全民阅读的深入开展，促进社会的整体文化素养。在未来的阅读推广中，公共图书馆应继续关注和满足不同读者群体的需求，实现资源的合理配置和服务的优化。

三、读者满意度调查与反馈机制

在公共图书馆的阅读推广活动中，读者的满意度和反馈机制是评估活动成效的重要组成部分。通过有效的调查和反馈收集，图书馆能够及时了解读者对活动的看法、需求和建议，从而进行相应的调整与优化。满意度调查不仅能够帮助图书馆评估服务质量，还能增强与读者之间的互动与信任。建立系统的反馈机制，确保读者的声音被听到，有助于持续提升阅读推广的效果与影响力。这样的机制使得公共图书馆在服务过程中能够真正做到以读者为中心，为实现全民阅读的目标奠定坚实基础。

（一）构建有效的满意度调查体系

构建有效的读者满意度调查体系是收集反馈的首要步骤。设计合理的调查问卷是确保获取有效数据的关键。问卷内容应涵盖活动的各个方面，包括活动的内容、组织方式、时间安排以及读者的整体体验。问题设计需要简洁明了，使用封闭式和开放式问题相结合的形式，既能获取定量数据，又能收集定性反馈。定量数据可以帮助图书馆量化读者的满意度，而定性反馈则能够揭示具体问题，提供改进方向。

除了问卷调查，公共图书馆还应探索其他多样化的反馈渠道，如访谈、焦点小组讨论和在线评估工具。通过多种渠道收集读者意见，能够提高反馈的广泛性和代表性。图书馆可以在活动结束后，及时向参与者发送满意度调查，以确保反馈数据的时效性。有效的调查体系不仅能够帮助图书馆全面了解读者的需求和期望，还能够为其制定更具针对性的服务策略提供坚实依据。

（二）分析反馈数据与持续改进

在收集到大量的读者反馈后，图书馆需要对这些数据进行深入分析，以便识别问题和发现趋势。定量数据可以通过统计分析来获取整体满意度的平均值、变化趋势及不同群体的差异等。而定性数据则需通过内容分析，提炼出共同的意见和建议，识别出读者普遍关心的问题。这些分析结果为图书馆的服务改进提供了重要依据，帮助其在服务内容、活动组织和资源配置等方面做出有效调整。

为了确保反馈机制的有效性，图书馆还应在改进措施实施后进行后续评估，确认改进效果。这种持续改进的过程不仅能够让读者感受到其意见被重视，还能提高读者的参与积极性。在实施反馈的改进措施时，图书馆应通过各种渠道向读者宣传相关的变化和改进，展示其对读者反馈的重视与回应，进而增强读者的满意度和忠诚度。

（三）提升读者参与感与信任度

满意度调查与反馈机制不仅是评估服务质量的工具，还是提升读者参与感与信任度的重要方式。通过鼓励读者参与调查，图书馆能够营造出一种开放与包容的文化氛围，让读者感受到自身意见的重要性。有效的反馈机制能够建立读者与图书馆之间的互动关系，使其参与到图书馆的决策过程中，从而增强读者的归属感和信任度。

为了进一步提升读者的参与感，图书馆可以定期举办读者座谈会或反馈交流活动，邀请读者分享他们的阅读体验和对图书馆的建议。在这种互动中，读者不仅能直接表达意见，还能与图书馆工作人员面对面交流，从而加深对图书馆的理解与支持。通过增强读者的参与感和信任度，图书馆不仅能提升服务质量，还能形成良好的社会文化氛围，推动全民阅读的深入发展。

读者满意度调查与反馈机制是公共图书馆提升服务质量和推动阅读推广的重要工具。通过构建有效的调查体系、分析反馈数据与持续改进，以及提升读者的参与感与信任度，公共图书馆能够更好地满足读者的需求，优化服务策略。不断强化反馈机制，不仅能促进图书馆的持续发展，还将推动全民阅读的深入普及，提升社会的整体文化素养。在未来的发展中，公共图书馆应继续关注读者的声音，将其作为改进服务、丰富活动的重要依据，实现更高质量的阅读推广目标。

四、读者对图书馆阅读活动的认知与态度

读者对图书馆阅读活动的认知与态度是影响其参与度和满意度的重要因素。了解读者的认知状况以及对图书馆活动的态度，可以为图书馆的阅读推广策略提供有价值的依据。通过分析读者对图书馆的认知和态度，图书馆能够发现潜在的问题，优化服务，增强读者的参与感，从而更好地实现全民阅读的目标。提升读者对图书馆活动的认知水平与积极态度，将有助于增强图书馆的社会影响力，推动文化交流与传播。

（一）对图书馆功能与服务的认知

读者对图书馆的认知涉及其功能和服务的理解。传统观念中，图书馆主要被视为借阅书籍的场所，而随着社会的发展，图书馆的功能不断扩展，逐渐成为信息获取、文化交流、学习支持和社区服务的重要平台。读者对这些功能的认知直接影响他们参与图书馆活动的意愿与态度。

许多读者仍对图书馆的多元功能缺乏深入了解，尤其是在信息技术迅猛发展的背景下，数字资源的丰富、在线服务的提供以及多样化的文化活动，使得图书馆的角色日益复杂。因此，图书馆在开展阅读推广活动时，应当加大宣传力度，向公众普及图书馆的各项功能及其重要性。通过举办开放日、讲座、宣传活动等形式，提高读者对图书馆服务的认知，能够激发更多读者的兴趣，鼓励他们积极参与各种活动，增强图书馆的使用率和影响力。

（二）对阅读活动的态度与参与动机

读者对图书馆阅读活动的态度会受到多种因素的影响，包括个人的兴趣、时间安排、活动内容以及社交因素。对于大多数读者而言，积极的态度和参与动机会促使他们主动参与到图书馆的各项阅读活动中。相反如果读者对活动的态度消极，会导致参与意愿降低。

影响读者态度的因素复杂多样，参与过成功活动的读者往往对图书馆的活动

持有更积极的态度，而对活动质量、互动性和内容丰富度的满意度直接关系到其后续参与的动机。为了提高读者的参与积极性，图书馆需要充分了解读者的兴趣和需求，设计符合其期望的阅读活动。针对年轻读者，可以开展现代文学、流行文化等主题的活动；而对于老年读者，历史文化、健康养生等主题更能引起他们的共鸣。通过提高活动的相关性和趣味性，图书馆能够增强读者的参与动力，提高活动的影响力。

（三）社交互动与社区认同感的影响

阅读活动不仅是知识获取的途径，还是社交互动和社区认同感的重要平台。许多读者参与图书馆活动，除了出于对阅读本身的兴趣外，社交因素也起着重要作用。在活动中，读者能够与志同道合的人交流思想、分享体验，从而建立友谊和社区联系。这种社交互动在增强阅读体验的同时也促进了社区的文化氛围和凝聚力。

图书馆在设计阅读活动时，应当关注如何增强社交互动的元素。组织形式多样的讨论会、读书沙龙和文化节，不仅能吸引读者参与，还能创造互动交流的机会，从而增强社区认同感。通过这种方式，图书馆能够为读者营造一个开放、包容的文化环境，让他们在参与活动的同时感受到社区的温暖与支持。强化社交互动的阅读活动不仅能提升参与度，还能推动社区文化的繁荣与发展。

读者对图书馆阅读活动的认知与态度，直接影响着其参与度和活动效果。通过提高对图书馆功能与服务的认知、了解读者的参与动机与态度，以及增强社交互动与社区认同感，公共图书馆能够更有效地吸引读者参与，提升活动的整体影响力。在未来的阅读推广工作中，持续关注读者的反馈与需求，优化活动设计，将有助于构建更加积极的阅读文化，推动全民阅读的深入发展。通过这些努力，公共图书馆不仅能提高自身的服务质量，还能在更广泛的层面上促进文化交流与知识传播。

第三节　数据驱动的阅读推广效果分析

一、基于数据的读者行为分析

在数字化时代，数据驱动的分析方法为公共图书馆的阅读推广提供了新的视角。通过对读者行为的数据收集与分析，图书馆能够深入理解读者的需求与偏好，从而制定更为精准的推广策略。这种基于数据的分析不仅可以揭示出读者的阅读习惯、借阅趋势和满意度，还能够为图书馆的资源配置、活动设计和服务优化提供科学依据。实现数据驱动的阅读推广效果分析，将有助于提升图书馆的服务质量，推动全民阅读的深入发展。

（一）阅读行为数据的收集与管理

在进行基于数据的读者行为分析之前，需要有效地收集和管理相关数据。数据来源可以包括借阅记录、阅读时长、参与活动的频率、用户反馈和在线互动等。借助现代信息技术，图书馆可以通过自动化系统实现数据的实时收集，减少人工录入的错误，提高数据的准确性与时效性。同时借助图书馆管理系统和数据分析工具，可以对大量数据进行分类和整理，便于后续的分析与挖掘。

有效的数据管理不仅在于数据的收集，还在于如何对数据进行深入分析。图书馆可以利用数据挖掘技术，对读者的借阅行为、兴趣偏好进行深入分析，以识别出阅读趋势和潜在需求。通过建立数据分析模型，可以帮助图书馆预测未来的借阅趋势和阅读兴趣，进而为服务和活动的设计提供科学依据。将数据驱动的分析与图书馆的实际运营相结合，将有助于更好地满足读者的需求，提升服务的效率和质量。

（二）读者行为分析的具体应用

通过对读者行为数据的深入分析，公共图书馆能够更好地了解读者的阅读习惯和偏好，从而优化资源配置与活动设计。分析借阅数据可以发现哪些书籍最受欢迎，哪些主题的书籍借阅率较低，进而调整馆藏结构，增加热门书籍的采购，或通过活动促销低借阅量的书籍。通过跟踪参与活动的读者，可以分析出哪些活动形式和内容更受欢迎，从而改进未来的活动策划。

行为分析还可以帮助图书馆更精准地制定目标群体，分析特定年龄段或性别读者的借阅数据，可以识别出不同群体的需求差异。针对年轻读者，图书馆可以开展与科技、文化趋势相关的活动；而针对老年读者，可以安排与健康、历史相关的阅读分享会。通过细分读者群体，公共图书馆能够在推广活动中采取更具针对性的策略，提高活动的参与率与效果。

（三）评估推广效果与持续改进

基于数据的读者行为分析不仅能帮助图书馆了解当前的服务效果，还能为持续改进提供依据。在每次阅读推广活动结束后，通过对参与数据、读者反馈及活动效果的分析，可以评估该活动的成功程度以及读者的满意度。通过对活动参与率和借阅量的比较，可以判断哪些活动形式最具吸引力，哪些内容更能引起读者的兴趣。

在评估的基础上，图书馆应建立持续改进的机制。根据分析结果，图书馆可以对未来的活动进行调整和优化，确保每次活动都能更好地满足读者的需求。同时持续的评估和反馈循环将增强读者对图书馆的认同感，使其在日后的活动中更加积极参与。通过建立这种动态反馈机制，公共图书馆能够在数据驱动的基础上，不断提升服务质量，推动阅读推广工作的深入开展。

基于数据的读者行为分析为公共图书馆的阅读推广提供了科学依据和实践指导。通过有效的数据收集与管理，深入分析读者行为，评估推广效果并进行持续改进，图书馆能够更好地满足读者的需求，提升服务质量。这种数据驱动的策略不仅有助于优化资源配置与活动设计，还能够推动全民阅读的深入发展。在未来公共图书馆应继续探索数据分析在阅读推广中的应用，不断提升对读者需求的敏感性和适应能力，为构建更加丰富的阅读文化环境贡献力量。

二、阅读偏好与读者习惯的数据研究

在数字化时代，阅读偏好与读者习惯的研究变得尤为重要。随着公共图书馆利用信息技术不断丰富服务内容，理解读者的阅读习惯与偏好不仅能帮助图书馆优化资源配置，还能更精准地设计阅读推广活动。通过对大量数据的分析，公共图书馆能够揭示出不同读者群体的需求特点，进而提高阅读活动的有效性与吸引力。有效的数据驱动研究将为图书馆在推广阅读时提供科学依据，帮助其在多元化的文化环境中，满足不同读者的需求。

（一）阅读偏好的多维度分析

阅读偏好并非单一维度，而是由多个因素共同作用的结果。这些因素包括读者的年龄、性别、教育背景、社会经济地位和文化环境等。通过对读者借阅记录、活动参与情况以及相关调查问卷的分析，公共图书馆能够识别出不同群体在书籍类型、主题和阅读方式上的偏好。年轻读者更倾向于选择科幻、奇幻类的作品，而中老年读者则偏爱历史、经典文学等类型。

为了深入了解这些偏好，图书馆可采用多维度的数据分析方法，如聚类分析、因子分析等，以挖掘出影响读者阅读选择的潜在因素。通过对不同特征读者的阅读偏好的研究，公共图书馆不仅能更好地调整馆藏结构，增加符合读者兴趣的书籍，还能在活动策划中融入更多受欢迎的主题和形式，提高活动的参与率和满意度。这样的数据分析过程能够使图书馆在变化多端的阅读市场中保持竞争力，确保每位读者都能找到适合自己的阅读材料。

（二）读者习惯的演变与影响因素

随着社会的变迁和科技的发展，读者的阅读习惯也在不断演变。现代读者越来越倾向于数字化阅读，相较于传统纸质书籍，电子书和有声书的流行使得读者获取信息的方式更加灵活多样。特别是年轻一代读者，更加习惯于通过智能手机、平板等移动设备进行阅读，这种变化对公共图书馆的服务模式提出了新的挑战。

为了应对这一趋势，图书馆需要对读者习惯的演变进行深入研究。通过收集和分析读者在不同平台上的阅读行为数据，图书馆能够洞悉读者在时间、地点、方式等方面的变化。分析哪些时间段的在线借阅量较高、哪些类型的数字资源更受欢迎等，从而调整图书馆的服务策略。通过了解这些习惯的变化，图书馆可以不断优化数字资源的配置，设计符合读者习惯的阅读活动，促进更高效的阅读体验。

（三）数据分析与阅读推广策略的结合

数据驱动的阅读偏好与习惯研究，不仅提供了理解读者需求的视角，也为制定有效的阅读推广策略奠定了基础。通过数据分析结果，图书馆可以明确目标读者群体及其阅读习惯，从而在活动策划、资源配置、宣传方式等方面进行有针对性的调整。如果分析显示青少年读者更喜欢参与互动性强的活动，图书馆就可以设计更多如书籍竞猜、文学创作竞赛等形式的活动，以吸引他们的参与。

同时数据分析还能帮助图书馆评估各类阅读活动的实际效果。通过跟踪活动前后的借阅量变化、读者反馈和参与度，图书馆能够及时调整和优化活动内容和形式。定期进行这种评估，不仅有助于提升活动的有效性，还能够增强读者的忠诚度和参与感。通过建立这种数据驱动的阅读推广策略，公共图书馆能够在竞争日益激烈的文化市场中，提升自身的服务水平和影响力。

对阅读偏好与读者习惯的数据研究，能够为公共图书馆提供重要的指导和支持。通过多维度分析阅读偏好、研究读者习惯的演变以及将数据分析与阅读推广策略结合，图书馆能够更有效地满足不同读者群体的需求。持续关注和适应这些变化，将有助于公共图书馆在推广全民阅读的过程中，实现更高的参与度和满意度，促进社会整体文化素养的提升。未来随着数据分析技术的不断发展，公共图书馆在阅读推广中将能够发挥更加积极的作用，为构建一个更加包容和多元的阅读环境而不懈努力。

三、图书馆活动效果的数据量化分析

在公共图书馆的阅读推广活动中，数据量化分析是一种重要的评估方法，通过对活动效果的量化分析，可以直观地揭示出活动的成功程度和存在的问题。量化分析不仅包括对参与人数、借阅量等定量指标的统计，还应涵盖读者的满意度、反馈和行为变化等多维度数据的综合分析。有效的数据量化分析能够为图书馆提供清晰的视角，帮助其制定科学合理的改进措施，以更好地服务于读者，推动全民阅读的深入发展。

（一）建立有效的量化指标体系

要进行有效的活动效果量化分析，需要建立一套合理的量化指标体系。这一体系应涵盖多个维度，既包括定量指标，又包含定性分析。定量指标如活动参与人数、借阅书籍数量、活动前后读者的阅读频率变化等，能够反映活动的直接影响。而定性指标则可通过读者满意度调查、反馈意见收集等方式来获取，帮助图书馆了解活动的质量和读者的真实感受。

在设计指标体系时，应根据不同类型的阅读活动设置相应的指标。对于以提升阅读兴趣为目标的活动，参与人数和活动后的借阅量将是重要指标；而对于以提升读者文化素养为目标的讲座和培训活动，则应更关注读者的满意度和知识掌握情况。通过这种量化指标的设置，图书馆能够更全面地评估各类活动的效果，确保每次活动都能达到预期目标。

（二）数据收集与分析的实施

建立好量化指标体系后，接下来的步骤是实施数据的收集与分析。数据收集的方式可以多种多样，包括使用图书馆管理系统自动记录借阅数据、设置在线反馈问卷以及通过现场调查等方式获取读者的反馈。在活动结束后，图书馆应及时进行数据整理和分析，以便迅速获得活动效果的初步评估。

在数据分析过程中，可以运用统计软件对收集到的数据进行处理，计算出各项指标的变化情况。通过数据可视化工具，将分析结果图表化，可以使图书馆管理层一目了然地了解活动的成效。通过对参与人数与借阅量的对比分析，可以明确活动对提升阅读量的直接影响。定性数据的分析可以采用内容分析法，对读者反馈进行归纳和总结，提炼出常见问题和建议。这种系统化的数据收集与分析，能够为图书馆的决策提供坚实的基础。

（三）反馈与改进的动态机制

数据量化分析不仅有助于评估活动效果，还为图书馆的持续改进提供了依据。通过对每次活动的效果分析，图书馆能够识别出成功的因素与不足之处，从而制定相应的改进策略。若发现某类活动参与人数较多但读者满意度不高，说明活动内容或组织方式需要进行调整。

为了实现这一反馈与改进的动态机制，公共图书馆应定期回顾和分析各类活动的效果数据，形成改进报告并与全体员工分享。同时应建立一种鼓励创新和反馈的文化，鼓励工作人员和读者提出改进建议。在后续的活动策划中，图书馆可以根据之前的分析结果进行调整，确保未来活动能够更好地满足读者的需求。这种循环反馈机制不仅有助于提升活动效果，还能增强读者对图书馆的信任与参与感，推动全民阅读的广泛参与。

通过数据量化分析，公共图书馆能够有效评估各类阅读推广活动的成效，进而为活动的优化与改进提供依据。建立科学的量化指标体系，实施系统的数据收集与分析，并建立反馈与改进的动态机制，能够为图书馆的阅读推广活动带来积极影响。在未来的推广工作中，持续关注数据的变化和读者的反馈，将有助于公共图书馆在满足读者需求的同时提升服务质量与影响力，为实现全民阅读的目标贡献更多力量。

四、图书馆数据管理中的问题与对策

在信息化时代，数据管理已成为公共图书馆提升服务质量和推动阅读推广的重要手段。然而图书馆在数据管理过程中面临诸多挑战，包括数据收集的系统性不足、数据分析能力的欠缺以及数据安全和隐私保护问题。这些问题不但影响了图书馆对读者需求的理解和服务的精准度，而且阻碍了阅读推广活动的有效开展。因此，针对这些问题，探讨可行的对策，对于图书馆提升管理水平和服务质量至关重要。通过科学合理的数据管理策略，公共图书馆能够更好地适应快速变化的社会需求，为读者提供更优质的服务。

（一）数据收集的系统性不足

许多公共图书馆在数据收集过程中存在系统性不足的问题，主要表现在缺乏统一的数据收集标准和流程上。这种情况往往导致数据的碎片化，影响数据的完整性和可比性。一些图书馆在收集借阅数据时，仅关注借阅数量，而忽视了读者的个人信息、借阅书籍的类型及借阅时间等关键信息。这种片面的数据收集方式，难以提供全面的读者行为分析，进而影响阅读推广策略的制定。

为了改善这一状况，图书馆应当制定明确的数据收集标准和流程。可以考虑采用统一的信息管理系统，整合各类数据收集工具，确保数据的系统性和一致性。定期培训相关工作人员，使其掌握数据收集的技能和意识，保证数据采集的质量。同时建立健全的数据录入和审核机制，减少人为错误，确保所收集数据的准确性和可靠性。通过这些措施，公共图书馆能够有效提升数据收集的系统性，为后续的数据分析和决策提供坚实基础。

（二）数据分析能力的欠缺

除了数据收集的系统性不足，许多图书馆在数据分析能力上也显得薄弱。由于缺乏专业的数据分析人员和相应的技术支持，图书馆往往无法充分利用所收集的数据。这导致了数据未能转化为有效的信息和决策依据，影响了阅读推广的效果。尤其是在面对日益复杂的读者需求时，数据分析能力的不足使得图书馆难以准确把握读者的偏好和行为。

为了解决这一问题，图书馆应当加强数据分析人才的培养和引进。可以通过与高等院校或研究机构合作，开展数据分析培训项目，提升现有员工的数据处理能力。同时引入专业的数据分析工具和软件，帮助图书馆更高效地分析数据。使用统计软件进行定量分析，或采用数据挖掘技术进行定性分析，从而深入了解读者行为模式和阅读需求。图书馆还可以借鉴其他机构的成功案例，学习其在数据分析方面的经验和技术，提高自身的分析水平。通过这些措施，公共图书馆能够在数据分析中发挥更大的作用，从而推动阅读推广的科学化和精准化。

（三）数据安全与隐私保护问题

在数据管理过程中，数据安全与隐私保护问题越来越受到关注。随着读者信息的不断增加，如何有效保护这些数据不被泄露或滥用，成为图书馆面临的一项重要挑战。读者的个人信息、借阅记录等敏感数据，一旦遭到泄露，将严重影响读者的隐私安全和图书馆的信誉。因此，图书馆在进行数据管理时，必须重视安全与隐私问题。

为应对数据安全与隐私保护的挑战，图书馆应建立健全的数据安全管理体系，包括数据存储、传输和访问的安全策略。图书馆应采用加密技术对敏感数据进行保护，防止未授权访问。同时设置访问权限，确保只有经过授权的工作人员才能访问敏感数据。定期开展数据安全培训，提高员工的安全意识和防护能力，确保每个环节都能遵循安全规范。图书馆还应制定应急预案，做好数据泄露事件的应对措施，以最大限度地减少潜在风险。通过这些措施，公共图书馆能够在推进数据管理的同时有效保护读者的隐私与安全，增强读者对图书馆的信任。

在公共图书馆的数据管理过程中，存在数据收集的系统性不足、数据分析能力的欠缺以及数据安全与隐私保护问题等多重挑战。针对这些问题，公共图书馆应制定明确的数据收集标准，加强数据分析能力的培养和引进，并建立健全的数据安全管理体系。通过科学合理的对策，图书馆能够更有效地利用数据，为阅读推广活动提供有力支持，提升服务质量和读者满意度。在数字化时代，重视数据管理和安全保护，将为公共图书馆实现全面发展的目标提供坚实保障。

第四节　阅读推广效果的持续改进机制

一、基于评估结果的阅读推广优化

在公共图书馆的阅读推广过程中，持续改进机制是提升活动效果的重要保障。通过定期评估阅读推广活动的效果，图书馆能够识别出其中的优点与不足，从而进行针对性的优化与调整。评估结果不仅是检验活动成效的重要依据，还是图书馆在制定未来策略时不可或缺的参考信息。以评估结果为基础，图书馆可以不断调整其服务和活动设计，确保更好地满足读者需求，推动全民阅读的深入发展。这样的优化过程，不仅提升了图书馆的服务质量，还为读者创造了更为丰富的阅读体验。

（一）评估结果的系统分析与解读

在进行阅读推广活动后，图书馆应当对评估结果进行系统分析与解读。这一过程涉及对各项指标的综合考虑，包括参与人数、借阅量、读者反馈、活动满意度等。通过量化的数据分析，图书馆可以直观地看到哪些活动获得了积极的参与和反馈，哪些活动则未能达到预期的效果。这种系统分析有助于识别出成功的关键因素，如活动的内容、组织形式和宣传策略等。

定性的分析同样重要，通过对读者反馈的深入解读，图书馆能够获得更为全面的洞察。读者的意见和建议往往能够揭示出活动中潜在的问题和改进方向。若反馈中普遍提到活动时间不便，图书馆便可考虑在未来安排更加灵活的活动时间，以适应读者的需求。通过对评估结果的综合分析，公共图书馆不仅能更好地理解读者的需求，还能为下一步的优化策略奠定基础。

（二）制定针对性的优化策略

在系统分析评估结果后，图书馆需要制定针对性的优化策略。这一策略应当基于对读者需求的深刻理解和对活动成效的全面评估。若某类活动的参与人数较少，是因为主题不够吸引或宣传力度不足。在这种情况下，图书馆可以考虑调整活动主题，选择更符合读者兴趣的内容，或加强宣传，利用社交媒体、社区合作等多种渠道提高活动的可见度。

在资源配置上，图书馆也应根据评估结果进行调整。若数据表明某些书籍的借阅量较高，而其他书籍的借阅量较低，图书馆可以适时增加热门书籍的采购，同时对冷门书籍进行推广，提升其借阅量。通过这样的针对性优化，公共图书馆能够不断提高服务质量，确保每次活动都能为读者提供新的价值与体验，增强读者的参与感和满意度。

（三）持续改进与反馈机制的建立

为了确保阅读推广活动的持续优化，公共图书馆应当建立一个有效的持续改进与反馈机制。这一机制不仅包括对活动的定期评估与调整，还应涵盖对读者意见的长期收集与分析。图书馆可以定期举办读者座谈会、问卷调查等形式，主动了解读者对活动的看法和需求变化。这种反馈机制有助于图书馆及时掌握读者的动态，确保服务始终能够适应其需求。

同时在优化措施实施后，图书馆也应进行后续评估，以确认这些措施的有效性。这种反馈与改进的循环机制能够促进图书馆在服务中保持敏感性和适应性，使其能够不断提升服务质量和读者满意度。通过建立这种动态反馈机制，公共图书馆能够在不断变化的环境中，持续推动阅读推广的深化与扩展，为实现全民阅读目标而不断努力。

基于评估结果的阅读推广优化是公共图书馆提升活动效果的重要路径。通过系统分析评估结果、制定针对性的优化策略以及建立持续改进与反馈机制，图书馆能够更好地满足读者的需求，提高服务质量。重视评估结果与反馈，将为图书馆的活动策划与资源配置提供重要支持。随着阅读推广工作的深入，公共图书馆在推动文化传播和提升社会文化素养方面，将发挥愈发重要的作用。这样的持续优化过程不仅能够提升读者的参与度与满意度，还能为建设更为丰富和多元的阅读文化环境奠定坚实基础。

二、读者反馈与推广活动的调整

在公共图书馆的阅读推广活动中，读者反馈扮演着关键角色。通过对读者的反馈进行收集和分析，图书馆能够获得真实的意见和建议，这些信息对于活动的优化与改进至关重要。读者的反馈不仅反映了活动的实际效果和受欢迎程度，还揭示了读者的需求变化和潜在问题。因此，建立一套有效的反馈机制，结合读者的意见进行推广活动的调整，将有助于提升活动的质量与影响力，确保图书馆的服务始终与读者的期望保持一致。

（一）建立多渠道的反馈收集机制

为了有效收集读者反馈，公共图书馆需要建立多样化的反馈收集渠道。这些渠道可以包括问卷调查、在线评估、社交媒体评论、读者座谈会等多种形式。通过这种多渠道的反馈收集方式，图书馆能够确保读者的声音被全面听到。问卷调查可以针对特定活动的参与者，了解其对活动内容、时间安排和组织方式的看法；而社交媒体评论则能够帮助图书馆及时捕捉读者的实时反馈，增加互动性和参与感。

定期举办读者座谈会，邀请参与活动的读者分享他们的体验和建议，能够更深入地理解读者的需求。在这种面对面的交流中，读者能够更自由地表达意见，图书馆工作人员可以即时解答疑惑，增强读者对图书馆的认同感。通过这些多样化的渠道，公共图书馆可以收集到更全面的反馈信息，为后续的活动改进提供坚实基础。

（二）分析反馈数据与识别改进点

在收集到大量的读者反馈后，图书馆需要对这些数据进行分析，以识别出活动中的成功因素和改进点。定量分析可以通过对参与人数、满意度评分和借阅量等数据进行统计，了解哪些活动受欢迎，哪些活动存在问题。通过对比活动前后的借阅数据变化，图书馆能够评估活动对阅读推广的实际影响。

定性分析则主要关注读者的具体意见和建议。对开放式问题的反馈进行内容分析，可以揭示出读者普遍关心的问题和需求。如果大量反馈提到活动内容过于单一，图书馆可以考虑增加活动的多样性，结合不同的主题和形式。定期回顾和总结这些反馈数据，可以帮助图书馆识别长期存在的问题，制定长期的改进策略。通过这种系统化的数据分析，公共图书馆不仅能够持续提升活动的质量，还能增强读者的参与感和满意度。

（三）实施反馈结果与持续优化

分析反馈数据后，公共图书馆应及时实施反馈结果，进行活动的调整与优化。这一过程需要在每次活动结束后，针对收集到的反馈信息制定相应的改进措施。如果读者反馈某次活动的时间安排不合理，图书馆可以在后续活动中调整时间，以便更好地满足读者的需求。

同时图书馆还应当建立一种持续优化的机制，在每次活动结束后，不仅要分析反馈，还需要对改进措施的实施效果进行评估。通过持续的反馈和优化循环，公共图书馆能够不断提升活动的质量，使其更好地适应读者的需求。在这一过程中，图书馆可以向读者展示其对反馈的重视，及时通报改进结果，增强读者的参与感和归属感。通过建立这样的反馈与优化机制，公共图书馆能够在竞争激烈的文化市场中保持活力，推动全民阅读的深入发展。

读者反馈与推广活动的调整是公共图书馆持续改进的重要组成部分。通过建立多渠道的反馈收集机制、分析反馈数据与识别改进点，以及实施反馈结果与持续优化，图书馆能够更好地满足读者的需求，提升活动的有效性和吸引力。在未来的阅读推广工作中，继续关注读者反馈，优化活动设计，将为实现全民阅读的目标提供强有力的支持。通过不断调整与改进，公共图书馆不仅能够增强服务质量，还能促进社会的文化繁荣与发展。

三、持续改进机制的制度化

在公共图书馆的阅读推广工作中，持续改进机制的制度化至关重要。制度化不仅仅意味着建立明确的流程与标准，更体现了图书馆对提升服务质量、满足读者需求的坚定承诺。通过将持续改进机制融入日常管理与运营，图书馆能够确保每一次活动都能在反馈的基础上不断优化。这样的制度化改进不仅能够提高活动的有效性，还能增强读者的参与感和满意度，为全民阅读的推广创造更为良好的环境。

（一）制度化的改进流程

要实现持续改进机制的制度化，图书馆需要建立清晰的改进流程。这一流程应包括从反馈收集、数据分析到改进措施实施的完整环节。图书馆应明确反馈收集的渠道和方式，包括问卷调查、访谈、社交媒体互动等，确保能全面获取读者的意见和建议。在此基础上，设立专门的团队或个人负责数据的整理和分析，定期回顾和总结活动效果，识别出成功因素与不足之处。

在此过程中，制定标准化的操作流程至关重要。这不仅能提高工作效率，还能确保不同工作人员在处理反馈和改进时遵循一致的标准。比如图书馆可以制定一个反馈处理手册，明确各类反馈的处理时限、优先级和责任人。在制定改进措施时，需确保其可行性与针对性，通过制定相应的行动计划来指导具体的实施。这种制度化的改进流程将确保每次活动都能在真实反馈的基础上进行调整，提升图书馆的服务质量。

（二）数据驱动的决策机制

持续改进机制的制度化还需强调数据驱动的决策机制，图书馆在进行活动评估时，必须利用收集到的数据，进行系统的分析与总结。通过量化的指标，如参与人数、满意度评分、借阅量变化等，图书馆能够清晰地看到各项活动的成效，并为未来的活动设计提供数据支持。

在数据驱动的决策机制中，图书馆应建立一个集成的数据管理系统，以便于实时监控和分析各种相关数据。这一系统可以帮助工作人员方便地获取历史活动的效果，识别出哪些活动受欢迎，哪些活动需要调整。同时定期发布数据分析报告，使所有工作人员了解当前的活动效果及改进方向。通过这种数据驱动的机制，公共图书馆能够确保决策过程透明、合理，从而提升服务质量与读者满意度。

（三）建立反馈文化与持续学习机制

为了实现持续改进机制的制度化，公共图书馆还需建立一种积极的反馈文化与持续学习机制。在这种文化中，鼓励读者主动表达意见和建议，让他们意识到自己的声音被重视。在活动结束后，可以通过主动的反馈邀请、感谢信等方式，让读者感受到图书馆对他们意见的重视，这将提升他们的参与感和忠诚度。

同时图书馆的工作人员应当形成一种持续学习的意识，主动吸收反馈和改进建议。在每次活动后，可以通过团队会议总结反馈信息，讨论改进方案，并分享成功的经验与教训。通过建立这样的学习机制，图书馆能够不断提升团队的专业素养与服务意识，为读者提供更加优质的服务。在这种积极的反馈文化和学习机制的推动下，持续改进将成为公共图书馆运营中的常态，确保其在服务读者的过程中不断进步。

持续改进机制的制度化对于公共图书馆提升阅读推广效果至关重要。通过建立制度化的改进流程、强化数据驱动的决策机制以及培养积极的反馈文化与学习机制，图书馆能够更有效地满足读者的需求，提升服务质量。这样的制度化过程不仅为图书馆提供了科学的决策依据，还为读者创造了更为丰富的阅读体验。在未来的发展中，公共图书馆应继续重视持续改进机制的落实，以适应快速变化的社会文化环境，推动全民阅读的深入开展，形成良好的文化氛围。

四、图书馆阅读推广资源的再分配

在公共图书馆的阅读推广活动中，资源的有效配置和合理再分配对活动的成功与否起着决定性作用。随着读者需求的不断变化，图书馆需要根据评估结果和反馈信息，灵活调整和再分配其资源，以确保每项阅读推广活动都能最大程度地满足读者的期望和需求。资源的再分配不仅包括书籍和其他资料的调整，还涵盖活动形式、服务模式和宣传策略等多个方面。通过建立科学合理的资源再分配机制，公共图书馆能够提升服务效率，增强活动的吸引力，进一步推动全民阅读的深入开展。

（一）评估与分析现有资源的有效性

在进行资源再分配之前，公共图书馆需要对现有资源进行全面评估与分析。这一过程包括对馆藏书籍、数字资源、活动场地、技术设施以及人力资源等各方面的审视。通过统计各类资源的使用频率、读者借阅量和参与活动的人数，图书馆可以识别出哪些资源受到了广泛欢迎，哪些则被冷落。在此基础上，评估资源的有效性，判断是否需要进行调整。

如果发现某些类别的书籍借阅量持续低迷，图书馆可以考虑将这些书籍进行重新包装或促销，或者将它们移至不那么显眼的书架上，从而为热门书籍腾出空间。对于数字资源，若某些电子书的下载率低，图书馆应分析原因，缺乏宣传或读者对主题的兴趣不足。在资源再分配时，通过数据分析和读者反馈，图书馆能够做出更有针对性的决策，确保资源的合理利用和优化配置。

（二）灵活调整活动形式与内容

随着读者兴趣和需求的不断变化，公共图书馆需要灵活调整阅读推广活动的形式与内容。在分配资源时，图书馆应考虑读者的反馈和评估结果，适时调整活动主题和方式。若数据表明读者对某一主题活动反响热烈，图书馆可以增加该主题相关的阅读活动，并相应调整资源配置，以确保这些活动能够得到充足的支持。

同时图书馆也应注意探索新颖的活动形式，结合社交媒体和数字平台，推出在线读书会、网络讲座或互动讨论等，以吸引更多读者的参与。通过适时调整活动内容和形式，不仅能增强活动的吸引力，还能扩大读者的参与面，提升阅读推广的效果。灵活应对读者需求的变化，将使图书馆在资源的使用上更具效率，活动的开展更加生动多样。

（三）加强与社区和社会资源的合作

资源的再分配不仅限于图书馆内部的调整，还应加强与社区和社会资源的合作。通过与学校、社区组织、非营利机构和企业的合作，图书馆可以实现资源的共享和互补，增强阅读推广活动的影响力。图书馆可以与学校联合开展阅读活动，将资源和活动延伸至学生的家庭和社区，促进亲子阅读和家庭参与。

与社区组织的合作也可以带来丰富的资源和支持，社区活动、文化节等都是图书馆宣传阅读的重要平台，通过参与这些活动，图书馆可以将自身的资源与社区的需求对接，实现双赢。利用社会资源，图书馆还可以邀请外部专家、作家和文化名人参与活动，增强活动的吸引力。通过这样的合作，图书馆不仅能够扩大影响力，还能丰富自身的资源配置，促进阅读推广的深入开展。

图书馆阅读推广资源的再分配是提升服务质量和活动效果的重要环节。通过评估现有资源的有效性、灵活调整活动形式与内容，以及加强与社区和社会资源的合作，公共图书馆能够更有效地满足读者的需求，提升活动的吸引力。持续关注读者反馈和市场动态，确保资源的灵活配置与优化，将为全民阅读的推广奠定坚实基础。在未来的工作中，图书馆应继续探索资源再分配的创新路径，以更好地服务读者，推动文化的传播与交流。

第六章　公共图书馆阅读推广的政策支持

第一节　阅读推广的国家政策与法规

一、全民阅读政策的国际经验借鉴

在推动全民阅读的进程中，各国的政策制定与实施经验为公共图书馆的阅读推广提供了宝贵的借鉴。全民阅读政策不仅反映了国家对阅读文化的重视，还直接影响着图书馆的服务方式和资源配置。通过分析不同国家在全民阅读政策方面的成功经验，公共图书馆能够吸取有效的策略，制定切合自身实际的推广计划。这种国际视野的拓展，既有助于丰富国内阅读推广的内容，还为提升社会整体文化素养创造了条件。

（一）北欧国家的全民阅读推广政策

北欧国家以其高度重视文化教育和全民阅读而闻名，以芬兰为例，该国通过综合性政策和多方合作，成功推广全民阅读。芬兰的国家文化政策明确将阅读视为提升国民素质的重要组成部分，并在教育体系中强调阅读的重要性。通过在学校推广阅读教育，培养孩子们的阅读习惯和兴趣，芬兰实现了年轻一代对阅读的高度重视。

与此同时，芬兰公共图书馆的服务模式也为全民阅读政策的落实提供了有力支持。图书馆不仅提供丰富的图书资源，还积极开展各种阅读活动，如故事会、读书俱乐部等，促进社区居民的互动与参与。这种政策与实践的结合，不仅增强了居民的阅读兴趣，还推动了社会文化的全面发展。公共图书馆在推动全民阅读过程中，应考虑借鉴北欧国家在政策制定和实施上的成功经验，促进阅读推广与

教育的紧密结合，以实现更好的效果。（见表 6-1）

表 6-1　北欧国家全民阅读推广政策概览

政策内容	具体措施	目标
阅读的重要性	国家文化政策明确强调阅读的重要性	提升国民素质，培养阅读习惯和兴趣
教育体系的推广	在学校中推广阅读教育，培养孩子们的阅读习惯	实现年轻一代对阅读的重视
公共图书馆的支持	提供丰富的图书资源和各种阅读活动	促进社区居民互动与参与，增强阅读兴趣
政策与实践结合	借鉴成功经验，推动阅读推广与教育的紧密结合	实现更好的全民阅读推广效果

（二）美国的全民阅读倡议与合作机制

美国在全民阅读推广方面还积累了丰富的经验，通过多元化的倡议和广泛的社会合作，成功推动了全国范围内的阅读活动。美国的“全国阅读月”是一项重要的全民阅读倡议，旨在提高公众的阅读意识和参与度。这一活动不仅由政府主导，还得到社区、学校、非营利组织和企业的广泛参与，各方协作共同营造了良好的阅读氛围。

美国公共图书馆在推动阅读活动时，灵活运用现代技术与社交媒体，扩展了活动的影响力。图书馆通过在线平台提供电子书借阅、虚拟读书会和社交媒体讨论等多样化的阅读形式，吸引了大量年轻读者的参与。这种创新的做法为全民阅读政策的实施提供了强有力的支持。公共图书馆在借鉴美国经验时，可以探索多方合作的模式，通过引入社会力量，共同推动阅读活动的开展，增强全民阅读的实际效果。

（三）亚洲国家的政策实践与挑战

在亚洲地区，许多国家也积极探索全民阅读的推广策略。以日本和韩国为例，这两个国家通过政府和社会的共同努力，逐步形成了良好的阅读环境。日本的“读书日”活动鼓励国民在特定的日子参与阅读，通过设立各种奖项和阅读活动，激励公众的参与。而韩国则通过“阅读振兴法”等政策，将阅读推广纳入国家发展战略，实施多项措施以提高国民的阅读率。

尽管这些国家在政策层面取得了一定的成效，但在推广过程中仍面临诸多挑战。数字化浪潮的兴起改变了传统阅读方式，许多年轻人更倾向于使用电子设备进行阅读，导致纸质书籍的借阅量下降。这一趋势迫使图书馆重新审视自身的服务模式，以适应变化中的阅读需求。因此，公共图书馆在借鉴亚洲国家的经验时，应特别关注如何平衡传统阅读与数字阅读的关系，通过多样化的服务满足不同读者的需求，推动全民阅读的持续发展。

全民阅读政策的国际经验为公共图书馆的阅读推广提供了宝贵的借鉴。通过分析北欧国家的教育结合模式、美国的多元化倡议以及亚洲国家的政策实践，图书馆能够汲取成功经验，制定更符合自身实际的推广策略。在推动全民阅读的过程中，关注政策实施中的挑战，灵活应对变化的阅读需求，将有助于提升服务质量和读者满意度。公共图书馆在未来的工作中，应继续探索国际经验的适应性与创新性，促进全民阅读的深入开展，推动社会文化的全面进步。

二、国家层面的全民阅读政策推动

国家层面的全民阅读政策在推动公共图书馆阅读推广中发挥着重要作用。这些政策不仅为图书馆提供了发展方向和法律依据，还通过资金支持、资源配置和制度保障，增强了图书馆在全民阅读中的重要地位。有效的全民阅读政策能够调动各方资源，形成政府、社区、学校和家庭协同合作的良好局面，共同营造全民阅读的氛围。在这一背景下，公共图书馆需积极响应国家政策，结合自身特色与实际情况，深入推进阅读推广工作，确保全民阅读的实施落到实处。

（一）国家政策的制定与实施

国家层面的全民阅读政策通常通过立法和政策文件的形式出台，涵盖了多方面的内容，包括阅读环境的改善、阅读活动的推广、资源的配置和公众的参与等。这些政策的制定往往源于对社会文化发展的深刻认识与实践需求，旨在通过系统的措施，提升国民的阅读水平和文化素养。以《全民阅读促进条例》为例，该条例明确了政府在推动全民阅读方面的职责，强调要为公众提供便利的阅读条件。

政策的实施是全民阅读的重要环节，各级政府和公共图书馆需认真贯彻落实国家政策。在具体实施中，地方政府往往会结合本地区的实际情况，制定相应的阅读推广计划。这包括组织阅读活动、建设阅读空间、提供丰富的图书资源等，确保政策的有效落实。通过国家政策的引导与地方实践的结合，公共图书馆能够在推动全民阅读的过程中，发挥出更大的作用，为读者提供优质的阅读服务。（见表6-2）

表6-2　全民阅读政策实施概览

方面	内容
制定形式	立法和政策文件
政策内容	改善阅读环境、推广阅读活动、资源配置、公众参与
目标	提升国民阅读水平和文化素养
例子	《全民阅读促进条例》
政府职责	提供便利的阅读条件
实施环节	各级政府和公共图书馆需认真贯彻落实国家政策
地方实践	制定阅读推广计划、组织活动、建设阅读空间、提供书籍资源
作用	公共图书馆在推动全民阅读中发挥重要作用

（二）资金与资源的支持

国家层面的全民阅读政策通常伴随着资金和资源的投入，为公共图书馆的阅读推广提供了强有力的支持。这些资金可以用于图书馆的基础设施建设、图书资源的购置、阅读活动的组织以及相关人员的培训等。通过合理配置资源，图书馆能够改善服务环境，提升服务质量，使更多读者受益。

一些国家在实施全民阅读政策时，通过设立专项资金支持图书馆开展阅读推广活动。这些资金不仅可以用于购置新书和数字资源，还能够资助图书馆举办各类读书活动、讲座和培训项目。通过这些资源的支持，公共图书馆能够更好地满足不同读者群体的需求，推动阅读活动的多样化与丰富化。同时国家对阅读推广的资金投入也能够增强社会对阅读的重视，激励更多的人参与到阅读中来，形成良好的阅读氛围。

（三）多方协作与社会参与

国家层面的全民阅读政策推动强调多方协作与社会参与的重要性。通过整合政府、学校、社区、企业和家庭等各方资源，形成合力，共同推进全民阅读。这种多元化的参与模式能够提高阅读推广的广度和深度，使各类读者都能找到适合自己的阅读资源和活动。

政府可以与教育部门合作，将阅读推广活动纳入学校课程，鼓励学生积极参与阅读；与社区组织合作，开展社区阅读活动，提高居民的文化参与度；与企业合作，利用企业的社会责任推动阅读活动，提升社会对阅读的关注。在这种多方协作的模式下，公共图书馆不仅能够借助外部资源提升自身的服务能力，还能在推动全民阅读的过程中形成更为广泛的社会共识和支持。通过建立这样的合作机制，公共图书馆能够不断拓展其在社会文化建设中的影响力。

国家层面的全民阅读政策推动为公共图书馆的阅读推广提供了重要支持。通过政策的制定与实施、资金与资源的支持，以及多方协作与社会参与，公共图书馆能够更有效地开展阅读推广活动，满足不同读者群体的需求。在未来的发展中，公共图书馆应继续响应国家政策，积极融入社会文化建设，推动全民阅读的深入开展。通过不断创新服务与活动，图书馆能够为构建良好的阅读环境和提升社会文化素养做出更大的贡献。

三、地方政府在阅读推广中的角色

地方政府在阅读推广中扮演着至关重要的角色，其政策制定和实施直接影响着公共图书馆的资源配置、活动开展和社会参与度。通过有效的政策支持，地方政府能够为图书馆创造良好的发展环境，推动阅读文化的繁荣。在这一过程中，地方政府不仅负责制定相关法规和政策，还通过协调各方资源、开展阅读活动和提高公众阅读意识，积极推动全民阅读的实现。了解地方政府在阅读推广中的作用，对于构建更加完善的阅读推广体系具有重要意义。

（一）政策制定与法规支持

地方政府的阅读推广工作始于政策的制定与法规的支持，通过出台地方性阅读促进政策，地方政府能够明确阅读推广的目标和方向，为图书馆的工作提供法律依据。一些地区制定了《地方全民阅读发展规划》，明确规定了阅读推广的任务、措施和责任。通过这些政策，地方政府为公共图书馆的阅读推广活动提供了方向指引，并鼓励各类机构和社会组织参与到阅读推广中来。

在政策制定的过程中，地方政府还需充分考虑当地的文化背景和实际情况，以便制定出切实可行的措施。这种地方化的政策支持，能够为阅读推广提供适应性强的方案，确保各项措施在实际操作中能够有效落地。同时地方政府还应加强与教育、文化、宣传等部门的协调合作，共同营造良好的阅读环境。通过这些政策与法规的支持，地方政府能够有效推动公共图书馆的阅读推广工作，提升社会的整体阅读水平。

（二）资源配置与资金支持

地方政府在阅读推广中负责资源的配置与资金的支持，确保图书馆在开展阅读活动时能够得到充分的资源保障。通过设立专项资金，地方政府能够为公共图书馆提供必要的财政支持，以帮助其开展各类阅读推广活动。这些资金不仅可以用于购置书籍、改善设施，还能够支持各类文化活动的举办，为公众提供更多的阅读机会。

在资源配置方面，地方政府应当根据当地的实际需求和图书馆的特点，合理分配各类资源。对于一些偏远地区的图书馆，地方政府可以优先提供必要的设备和资源支持，以提升其服务能力和覆盖面。同时地方政府还应鼓励社会力量参与阅读推广，为公共图书馆提供更广泛的支持。鼓励企业和社会组织捐赠书籍、赞助活动等，以形成多方合作的良好局面。这种资源的合理配置与资金支持，将有助于公共图书馆更好地开展阅读推广活动，推动全民阅读的实现。

（三）宣传与社会动员

地方政府在阅读推广中的另一重要角色是负责宣传和社会动员，通过开展全民阅读活动的宣传，地方政府能够提升公众的阅读意识，营造良好的阅读氛围。通过组织读书节、阅读周等活动，地方政府能够引导公众关注阅读，鼓励各类人群参与到阅读中来。这些活动不仅能够吸引读者的参与，还能够增强社会对阅读的重视，为图书馆的服务增添活力。

地方政府还需动员各类社会资源，鼓励社区、学校和企业共同参与阅读推广工作。通过整合各方力量，形成合力，可以有效提升阅读推广的效果。地方政府可以推动学校与图书馆的合作，将阅读推广活动引入课堂，增强学生的阅读兴趣。通过这种宣传与动员，公共图书馆不仅能够扩大自身的影响力，还能提升全民阅读的参与度，实现社会文化的共同发展。

地方政府在阅读推广中发挥着重要作用，其政策制定、资源配置和社会动员等多方面的职能，直接影响公共图书馆的阅读推广活动。通过政策与法规的支持，地方政府能够为图书馆提供明确的方向和法律依据；通过资源配置与资金支持，地方政府能够确保图书馆在开展阅读活动时具备必要的条件；通过宣传与社会动员，地方政府能够提升公众的阅读意识，激励各类机构和个人参与到阅读推广中。未来地方政府应继续加强在阅读推广中的角色，推动公共图书馆的健康发展，促进全民阅读的深入开展，提升社会整体文化素养。

四、公共图书馆的政策保障机制

公共图书馆的政策保障机制在阅读推广工作中发挥着重要作用，通过建立健全的政策体系，图书馆能够获得必要的法律支持和资源保障，从而更有效地开展阅读推广活动。政策保障机制不仅包括国家和地方政府出台的相关法规和政策，还涉及图书馆内部管理制度的完善。这些机制确保了阅读推广活动的规范性和有效性，使公共图书馆能够在不断变化的社会环境中，为读者提供优质的服务，促进全民阅读的实现。

（一）国家层面的政策支持

国家层面的政策支持为公共图书馆的阅读推广奠定了基础，通过制定《中华人民共和国公共图书馆法》《全民阅读促进条例》等法律法规，国家明确了图书馆的职责与任务，强调阅读推广的重要性。这些政策不仅为图书馆提供了法律依据，还为其发展方向指明了道路。国家通过法律框架保障公共图书馆的资金投入和资源配置，推动图书馆在全民阅读推广中的积极作用。

国家可以设立专项资金支持公共图书馆开展阅读推广活动，包括购置新书、开展文化活动、举办读书节等。这种资金支持不仅解决了图书馆在阅读推广中的实际问题，还为各类活动的顺利开展提供了保障。政策的支持使图书馆能够在国家整体战略下，制定符合地方特色的阅读推广计划，从而更好地服务于社会和读者需求。

（二）地方政府的政策保障

地方政府在政策保障机制中扮演着关键角色，其政策的制定和实施直接影响公共图书馆的日常运作和阅读推广活动。通过地方性法规和政策，地方政府能够根据自身的文化背景和社会需求，制定相应的阅读推广计划。某些地方政府会制定《地方全民阅读实施方案》，明确地方公共图书馆在阅读推广中的具体责任和任务。

地方政府还可以通过建立跨部门合作机制，促进公共图书馆与教育、文化、社区等部门的协同工作。通过政府间的协调与支持，公共图书馆能够获得更广泛的资源和平台，为读者提供更多样化的阅读活动。这种地方层面的政策保障，不仅有助于推动公共图书馆的发展，还能增强社会对阅读的重视，提升全民阅读的氛围。

（三）图书馆内部的管理制度

除了外部政策支持，公共图书馆内部的管理制度同样是阅读推广政策保障机制的重要组成部分。通过制定和完善内部管理规章，图书馆能够确保各项阅读推广活动的顺利实施。这包括制定活动策划、预算管理、评估反馈等方面的标准与流程，为图书馆的阅读推广工作提供规范指导。

图书馆应当定期进行内部评估，分析阅读推广活动的成效与不足，及时调整和优化活动方案。通过建立内部反馈机制，鼓励工作人员提出改进意见和建议，增强团队的参与感与归属感。同时图书馆还应注重对员工的培训，提高其在阅读推广活动中的专业能力和服务意识。这种内部管理制度的完善，能够确保公共图书馆在实施政策保障时，形成高效的执行力和服务质量，从而更好地满足读者的需求。

公共图书馆的政策保障机制对于阅读推广活动的顺利开展至关重要。国家层面的政策支持为图书馆提供了法律依据和资金保障，地方政府的政策保障则为图书馆的实际运作提供了有力支撑。同时图书馆内部的管理制度为政策的落实提供了规范和指导。通过这三方面的协调和结合，公共图书馆能够在阅读推广中形成合力，提升服务质量，促进全民阅读的实现。

第二节　阅读推广中的资金与资源支持

一、阅读推广的资金来源分析

公共图书馆的阅读推广活动需要稳定的资金支持，以保证活动的顺利开展和资源的有效配置。资金的来源多样化既是促进阅读活动的必要条件，又是实现图书馆可持续发展的重要保证。通过分析阅读推广的资金来源，公共图书馆能够更清晰地认识到自身在资源配置上的优势和不足，从而制定更加有效的资金筹措策略。这一过程将有助于提高图书馆的服务质量，推动全民阅读的深入实施。

（一）政府财政拨款

政府财政拨款是公共图书馆阅读推广资金的重要来源之一。在许多国家和地区，政府将公共图书馆的建设与发展纳入财政预算，通过专项资金支持图书馆的阅读推广活动。这些财政拨款不仅用于馆藏建设，还可用于组织各类文化活动和提升服务能力。地方政府通过设立文化专项基金，明确资金用途，使公共图书馆在开展阅读推广活动时，拥有充足的财力支持。

一些地区的政府每年都会推出“全民阅读活动月”或“读书节”，通过财政拨款，图书馆能够组织丰富的读书活动、演讲、讲座等文化项目。这些活动不仅提升了公众的阅读意识，还增强了社区的文化氛围。在政府财政的支持下，公共图书馆能够更好地满足读者的多样化需求，推动阅读推广工作向更高层次发展。

（二）社会力量的参与

除了政府的财政拨款，社会力量的参与也是阅读推广资金的重要来源。包括企业、非政府组织和个人在内的社会力量，通过多种形式为公共图书馆的阅读推广活动提供资金支持和资源捐赠。这种参与方式不仅为图书馆提供了额外的资金来源，还增强了社会各界对阅读的关注与支持。

许多企业通过履行社会责任，积极参与阅读推广活动。某些企业会与公共图书馆合作，赞助阅读活动，捐赠图书和数字资源。这样的合作既提升了企业的社会形象，又为图书馆提供了丰富的资源。一些非政府组织也在阅读推广方面发挥了积极作用，通过组织志愿者活动、提供资金和技术支持，帮助图书馆更好地开展阅读推广工作。通过与社会力量的合作，公共图书馆能够拓宽资金渠道，提升阅读推广的广度和深度。

（三）内部资源的优化配置

除了外部资金来源，公共图书馆还可以通过内部资源的优化配置来支持阅读推广活动。这包括对现有资源的合理调配，利用馆藏图书、设备和人力资源等，最大限度地发挥其作用。在组织阅读活动时，图书馆可以调配现有的图书资源，制作专题书单，确保活动内容丰富多样。

同时通过优化管理流程，图书馆可以降低运营成本，将节省的资金用于阅读推广活动。定期对馆内资源进行盘点和评估，确保资源的有效利用，避免浪费。

通过内部资源的优化配置，公共图书馆能够在有限的资金条件下，开展更多的阅读推广活动，提高服务质量和读者满意度。这种自我调节与优化的机制，不仅增强了图书馆的资金使用效率，又促进了其在阅读推广中的可持续发展。

阅读推广的资金来源分析揭示了公共图书馆在资金筹措中的多样性，政府财政拨款、社会力量的参与以及内部资源的优化配置，共同构成了公共图书馆阅读推广的资金支持体系。通过充分利用这些资金来源，图书馆能够更有效地开展阅读推广活动，提升服务质量。在未来的发展中，公共图书馆应继续探索多元化的资金筹措渠道，增强自身的可持续发展能力，推动全民阅读的深入实施。通过这些努力，公共图书馆将能够在建设文化强国和提升社会文化素养方面发挥更加积极的作用。

二、社会力量参与公共图书馆建设

社会力量的参与对公共图书馆的建设和发展至关重要，在全民阅读推广的背景下，社会力量不仅为图书馆提供了资金支持，还通过资源整合、活动组织和文化推广等多种形式，推动了图书馆的多元化发展。通过与企业、非政府组织、社区团体以及个人的广泛合作，公共图书馆能够更好地满足读者的需求，提升服务质量，促进全民阅读的深入开展。这一参与模式不仅增强了图书馆的社会影响力，还为其长远发展创造了新的机遇。

（一）企业的支持与合作

企业作为社会力量的重要组成部分，在公共图书馆建设中发挥着越来越重要的作用。通过积极参与公共图书馆的阅读推广活动，企业不仅能够履行社会责任，还能提升自身的品牌形象。许多企业通过赞助图书馆的活动、捐赠书籍或提供资金支持，助力阅读推广项目的开展。这些支持通常表现为对特定阅读活动的资助，如读书节、作家见面会等，帮助图书馆吸引更多的读者参与。

企业与公共图书馆的合作方式多种多样，图书馆可以与企业合作举办联名活动，借助企业的影响力和资源，扩大活动的覆盖面。某些企业还会利用自身的网络平台和客户资源，帮助图书馆宣传阅读活动，吸引更广泛的公众关注。通过这种合作，公共图书馆不仅能够获得资金和资源支持，还能借助企业的市场营销能力，提高阅读推广的有效性和影响力。

（二）非政府组织的参与

非政府组织在推动公共图书馆建设方面也起到了积极作用。这些组织通常在文化传播、教育发展等领域有丰富的经验，能够为图书馆的阅读推广活动提供专业支持和创新思路。通过与公共图书馆的合作，非政府组织可以组织各类文化活动，如读书会、讲座、研讨会等，丰富图书馆的活动内容，增强读者的参与感。

非政府组织还可以帮助图书馆开展阅读推广的评估与研究，提供数据分析与反馈，以便图书馆不断优化服务与活动。这种合作关系不仅提升了图书馆的活动质量，还有助于非政府组织的影响力扩大。公共图书馆应积极与非政府组织建立合作关系，通过资源共享和优势互补，共同推动全民阅读的发展。

（三）社区参与与志愿者服务

社区的参与对于公共图书馆的建设同样至关重要，社区居民通过参与图书馆的阅读活动，既能够丰富个人的文化生活，又能增强社区的凝聚力。图书馆可以定期组织社区读书活动、文化节等，鼓励居民参与。这些活动不仅提升了社区居民的阅读兴趣，还让图书馆成为社区文化交流的重要场所。

志愿者服务在促进社区参与方面也发挥着重要作用，许多公共图书馆依赖于志愿者的支持来开展各类活动。志愿者可以协助图书馆组织阅读活动、维护馆藏、推广图书等，帮助图书馆提高服务能力。通过志愿者的参与，图书馆能够扩展其服务范围，增强与读者的互动。建立志愿者招募和管理机制，不仅可以为图书馆的运营提供支持，还能提升社区居民的参与感与归属感。

社会力量参与公共图书馆建设，为阅读推广活动注入了新的活力。企业的支持与合作为图书馆提供了必要的资金与资源，非政府组织的参与丰富了活动内容与专业支持，而社区参与与志愿者服务则增强了图书馆的社会联系与读者互动。通过与社会力量的有效合作，公共图书馆能够更好地服务于读者，推动全民阅读的深入发展。在未来的工作中，应继续探索和加强这种合作关系，为公共图书馆的可持续发展创造更多机会，构建更为和谐的文化环境。

三、政府与社会资本的合作机制

政府与社会资本的合作机制在公共图书馆的阅读推广中起着至关重要的作用。这种合作不仅能够有效整合资源，提升资金使用效率，还能促进各类阅读活动的开展，增强公众的阅读兴趣和参与度。随着社会的发展，传统的单一资金来源已无法满足日益增长的阅读推广需求，政府与社会资本的有效合作为公共图书馆提供了新的发展路径。通过探讨这种合作机制的建立与发展，可以为公共图书馆在未来的阅读推广工作中提供有益的思路与实践借鉴。

（一）政府支持与社会资本的引入

政府在阅读推广中的角色不仅限于政策的制定和资金的拨付，还包括主动引导和激励社会资本的参与。通过提供优惠政策和财政补贴，政府可以鼓励企业和社会组织参与公共图书馆的建设与发展。这种引导作用能够有效增加社会资本在阅读推广中的投入，拓宽资金来源，为图书馆的活动开展提供更为充足的支持。

某些地区的政府通过设立专项资金，奖励那些积极支持公共图书馆的企业和个人。这样的政策不仅鼓励企业捐赠书籍、资金或提供其他资源，还能促使社会力量与公共图书馆形成长期合作关系。通过构建政府与社会资本之间的良性互动，公共图书馆能够获得更多的资源和支持，从而在阅读推广工作中更加游刃有余。

（二）建立合作平台与机制

为了促进政府与社会资本的有效合作，建立相应的合作平台和机制至关重要。公共图书馆应当积极搭建政府、企业、社会组织之间的沟通桥梁，形成多方参与的合作网络。通过定期召开会议、组织论坛和研讨会等形式，各方能够分享经验、探讨问题，寻找合作契机。

在这种合作平台上，各方可以共同制定阅读推广的目标和计划，明确各自的责任与义务。企业可以承诺在特定活动中提供资金或资源支持，而公共图书馆则负责活动的组织与实施。通过明确的合作机制，可以提高各方的参与积极性和合作效果，确保阅读推广活动的顺利进行。这种协作不仅有助于资源的有效利用，还能增强社会对公共图书馆的关注和支持，推动阅读文化的普及。

（三）评估与反馈的持续机制

在政府与社会资本的合作机制中，建立评估与反馈的持续机制同样重要。通过对合作活动的定期评估，可以及时了解活动的成效和问题，确保合作关系的良性发展。这一评估机制不仅关注活动的参与人数和资金使用情况，还应包括对读者反馈的分析，了解读者对活动的满意度及期望。

反馈机制的建立能够促进各方在合作过程中的沟通与调整，在某次阅读推广活动后，公共图书馆可以邀请参与的企业和社会组织共同回顾活动效果，分享各自的观察和建议。通过这样的互动，各方能够在未来的合作中不断优化策略，提升活动的质量与效果。持续的评估与反馈不仅增强了合作的透明度，还为未来的合作奠定了基础。

政府与社会资本的合作机制为公共图书馆的阅读推广提供了强有力的支持。通过政府的引导与激励，社会资本得以积极参与公共图书馆的建设；通过建立有效的合作平台，各方能够形成良好的互动关系，共同推动阅读推广的深入开展；通过评估与反馈机制的建立，合作的质量和效果能够得到持续提升。在未来的发展中，公共图书馆应继续探索和完善这种合作机制，为实现全民阅读的目标创造更为良好的条件。通过这种合作，公共图书馆不仅能够提升自身的服务能力，还能在推动社会文化发展方面发挥更加重要的作用。

四、图书馆资源配置的资金保障

图书馆的资源配置是实现有效阅读推广的基础，而资金保障则是支撑这一配置的关键因素。在当今信息化和数字化快速发展的背景下，公共图书馆面临着更为复杂的资源需求，如何有效配置资源、确保资金的合理使用，已成为图书馆管理中亟须解决的重要问题。资金保障不仅关乎图书馆的基础设施建设、图书采购、数字资源的开发利用，还涉及各类阅读活动的组织和推广。通过对图书馆资源配置的资金保障进行深入分析，可以为图书馆在阅读推广工作中提供切实可行的策略，促进全民阅读的全面发展。

（一）资金来源的多元化

公共图书馆在资源配置中的资金保障必须依赖于多元化的资金来源。传统上，政府财政拨款是图书馆资金的主要来源，然而随着财政压力的增加，图书馆需要探索更多的资金渠道。社会捐赠和企业赞助作为新的资金来源，为公共图书馆提供了重要支持。通过建立与企业的合作关系，图书馆能够获得额外的资金，支持图书馆的各项活动和资源建设。

图书馆还应积极申请各类项目资金和专项基金，许多政府部门和非政府组织会定期发布针对文化和教育领域的资金申请项目，图书馆可以通过参与这些项目，获取必要的资金支持。举办书展、讲座、文化活动等，还可以通过门票或赞助的形式增加收入。通过多元化的资金来源，公共图书馆能够在资源配置上实现更大的灵活性和可持续性，确保各项阅读推广活动的顺利开展。

（二）资金使用的科学规划

确保资金保障的有效性，不仅在于资金的来源，还在于资金使用的科学规划。公共图书馆应当根据自身的实际需求和发展目标，制定合理的资金使用计划。这一计划应明确资金的使用方向，区分固定支出和可变支出，确保每一笔资金都能用到刀刃上。在图书采购上，应根据借阅数据和读者反馈，优化图书采购的类型和数量，避免资源的浪费。

在活动组织上，图书馆应提前预算，确保每项活动都能在资金允许的范围内进行。同时定期评估资金使用情况，通过财务报告和反馈机制，确保资金使用的透明度和合理性。通过科学的资金使用规划，公共图书馆能够最大限度地提升资源配置的效率，提高服务质量，更好地满足读者的需求。

（三）建立长效资金保障机制

为确保图书馆资源配置的资金保障持久有效，建立长效的资金保障机制至关重要。地方政府和相关部门应当制定长远的资金支持政策，确保公共图书馆在日常运营和发展中获得稳定的财政支持。同时图书馆也应积极探索自身的资金积累方式，形成自我造血的能力。

长效资金保障机制的建立需要包括多个层面的协调与合作，政府可以通过立法和政策引导，鼓励社会力量和企业参与图书馆的资金支持。图书馆则应与社会资本形成紧密的合作关系，推动资源的共享和优势互补。建立志愿者体系，鼓励社区成员和专业人士参与图书馆的活动，也能够为图书馆发展提供额外的支持和资源。通过这些措施，公共图书馆能够在变化多端的社会环境中，确保资源配置的资金保障持续有效，为阅读推广活动提供坚实的基础。

图书馆资源配置的资金保障是实现有效阅读推广的重要支撑，通过多元化的资金来源、科学的资金使用规划和长效的资金保障机制，公共图书馆能够在资源配置上实现灵活性和可持续性。这不仅提升了图书馆的服务能力，还为各类阅读活动的开展提供了有力支持。在未来的发展中，公共图书馆应继续探索创新的资金保障方式，确保在推动全民阅读的过程中，能够不断满足读者的多样化需求，促进文化的传承与发展。

第三节 阅读推广中的合作与伙伴关系

一、公共图书馆与学校的合作

公共图书馆与学校的合作是推动阅读推广的重要途径，通过这种合作，不仅能够实现资源的共享，还能有效提升学生的阅读兴趣和能力。学校作为教育的主要场所，承担着培养学生阅读习惯的责任，而公共图书馆则拥有丰富的书籍资源和文化活动。二者的协同合作，能够最大化地发挥各自的优势，为学生提供多元化的阅读体验。这种合作不仅仅局限于资源的借用与共享，更应扩展到联合开展各类阅读活动，共同营造良好的阅读氛围，以促进学生的全面发展。

（一）资源共享与互补

公共图书馆与学校的合作体现在资源的共享与互补，学校通常拥有固定的课程安排和教学计划，而公共图书馆则提供丰富的课外读物和多样化的文化资源。这种资源的互补关系使得学校可以通过与公共图书馆的合作，丰富课程内容，扩展学生的知识面。学校可以与图书馆联合策划专题阅读活动，结合教学内容，引导学生进行相关书籍的借阅与学习。

在合作中，学校的教师可以根据教学需要，利用图书馆的资源为学生推荐书籍或举办读书会。这种互动不仅能提高学生对阅读的兴趣，还能培养其自主学习的能力。公共图书馆也可以为学校提供专业的阅读指导，帮助教师选择适合学生年龄和兴趣的书籍，并在阅读活动中给予支持。通过这样的合作，资源的有效利用能够提升学校的教育质量，促进学生的全面发展。

学校与图书馆的紧密合作还能够激发学生的创造力和批判性思维，通过参与丰富的阅读活动，学生不仅能够获取知识，还能够在与同龄人和教师的交流中培养团队合作意识。这种互动交流的环境能够有效提高学生的社交能力和沟通技巧，使他们在日常学习中受益匪浅。因此，公共图书馆与学校的合作关系不仅是资源的互补，还是教育理念的共同发展。

（二）联合阅读活动的开展

除了资源共享，公共图书馆与学校还应积极开展联合阅读活动。这些活动可以是图书馆组织的读书节、故事会、作家签售会等，或是学校在特定时间段内设立的阅读周、读书月等。通过联合开展活动，学校和图书馆能够共同吸引学生参与，营造浓厚的阅读氛围。这类活动不仅能够激发学生的阅读热情，还能让他们在轻松愉快的氛围中提高阅读能力。

图书馆可以与学校共同举办“阅读马拉松”活动，鼓励学生在规定时间内完成一定的阅读任务，并进行分享与讨论。这不仅能培养学生的团队合作精神，还能提升他们的语言表达能力和思维能力。通过这些联合活动，公共图书馆与学校能够形成良好的互动关系，共同推动学生的阅读习惯养成。教师与图书馆员的密切合作能够确保活动的设计与实施符合学生的学习需求和兴趣，从而提升活动的效果。

公共图书馆与学校的合作为阅读推广提供了强有力的支持，通过资源共享与互补，学校能够利用公共图书馆的丰富资源提升教育质量；通过联合阅读活动的开展，二者能够共同激发学生的阅读兴趣，营造良好的阅读氛围。在未来的推广工作中，公共图书馆应继续深化与学校的合作关系，不断探索创新的合作模式，为学生提供更为多样化的阅读体验。通过这样的努力，公共图书馆能够在推动全民阅读的过程中发挥更加积极的作用，为社会文化的繁荣贡献力量。

二、公共图书馆与出版行业的互动

公共图书馆与出版行业的互动是促进阅读推广的重要环节，通过与出版商的合作，公共图书馆不仅能够获取新书资源，丰富馆藏，还能够联合开展各类文化活动，提升读者的阅读兴趣和参与度。这种合作关系实现了资源的共享与互利，推动了图书馆在阅读推广中的作用。随着数字出版和新兴阅读方式的快速发展，公共图书馆与出版行业的互动也在不断深化，为双方的持续发展开辟了新的路径。

（一）新书采购与资源共享

公共图书馆与出版行业的互动体现在新书采购和资源共享上，随着出版行业的不断发展，新书的种类和数量大幅增加，这为公共图书馆提供了丰富的选择。然而仅凭图书馆自身的资源和判断，往往难以全面了解市场上新书的动态和读者的需求。在这种情况下，与出版商的合作显得尤为重要。

通过与出版行业的紧密合作，公共图书馆能够及时获取新书信息和推荐，确保馆藏的及时更新和多样化。出版商通常会为公共图书馆提供优惠的采购价格和优先供货权，从而降低图书采购的成本。图书馆可以根据读者的需求和借阅数据，灵活选择书籍进行采购。这种资源共享不仅提升了公共图书馆的服务质量，又促进了出版行业的销售和市场推广。

这种合作还带来了更深层次的价值，公共图书馆能够通过与出版商的交流，了解市场上的趋势和热点，从而更有针对性地进行书籍的选择。出版商可以根据图书馆的反馈，及时调整其市场策略，推出更符合读者需求的书籍。通过建立定期沟通机制，图书馆与出版商能够形成紧密的合作关系，确保双方的信息流通与资源共享。

（二）联合举办文化活动

公共图书馆与出版行业的互动还体现在联合举办各类文化活动上。这些活动不仅能够增强图书馆的文化氛围，还能为出版商提供展示新书和推广作者的平台。图书馆可以定期举办新书发布会、作家签售会、主题读书会等，通过这些活动吸引读者的参与，激发他们的阅读兴趣。

在这些活动中，出版商可以直接与读者互动，分享书籍背后的故事和创作过程，增加读者对书籍的理解和兴趣。与此同时公共图书馆通过这些活动丰富自身的文化活动内容，提升图书馆的社会影响力。合作举办活动的方式，使公共图书馆与出版行业形成了良性的互动关系，促进了双方的共同发展。这种合作还为出版商提供了直接收集读者反馈的机会，从而更好地了解市场趋势和读者偏好。这种从源头获得的信息对出版商调整市场策略、优化出版计划是极其宝贵的。公共图书馆可以利用这些活动推广自己的馆藏资源，特别是那些与活动主题相关的藏书，从而提高藏书的流通率和可见度。同时通过这些文化活动，图书馆能够强化与社区的联系，吸引更多社区成员的参与，增加图书馆作为文化中心的吸引力。

（三）共同应对数字化挑战

随着数字出版的兴起，公共图书馆与出版行业面临着共同的挑战。在这一背景下，双方的合作显得尤为重要。数字化带来了新的阅读方式和消费模式，传统的纸质书籍市场受到冲击。因此，公共图书馆需要与出版行业密切合作，共同探索数字化转型的路径。

公共图书馆可以与出版商合作，开发数字资源，提供电子书和有声书的借阅服务。通过这种方式，图书馆能够满足读者对多样化阅读形式的需求，同时也为出版商开辟了新的市场。合作开展在线读书活动、网络讨论会等数字化文化活动，可以吸引更多年轻读者的参与。这种适应性强的合作模式，使公共图书馆与出版行业能够在变化的市场环境中，共同找到发展机遇。

公共图书馆与出版行业的互动在阅读推广中发挥着重要作用，通过新书采购与资源共享，图书馆能够丰富馆藏，降低采购成本；通过联合举办文化活动，双方能够共同提升文化氛围，吸引更多读者参与；通过共同应对数字化挑战，双方能够在市场变革中找到新的合作方向。

三、图书馆与社区合作的阅读推广

公共图书馆与社区的合作在阅读推广中具有重要的意义，社区是公共图书馆服务的基础，而图书馆则是社区文化生活的重要组成部分。通过有效的合作，公共图书馆能够利用社区资源，增强其在地方文化建设中的作用。这种合作关系不仅可以扩大图书馆的服务范围，还能提升社区居民的阅读兴趣和参与感。通过结合图书馆的资源和社区的力量，阅读推广活动能够实现更高的影响力，推动全民阅读的深入开展。

（一）资源整合与共享

公共图书馆与社区的合作能够实现资源的整合与共享，促进双向的文化交流。社区拥有丰富的人力资源、活动场所和文化背景，而公共图书馆则提供专业的阅读指导和丰富的图书资源。通过整合双方的资源，图书馆可以开展多样化的阅读推广活动，从而更好地满足社区居民的需求。

公共图书馆可以与社区中心合作，共同举办读书会、故事分享活动或文化节。这类活动不仅能够吸引更多社区居民的参与，还能通过不同的文化活动形式，提高居民的阅读兴趣和参与感。社区的参与使得图书馆的活动更加贴近居民的实际生活，提高了活动的针对性和有效性。这样的合作模式，既丰富了公共图书馆的文化活动内容，又为社区居民提供了更为多元的阅读选择。

（二）社区文化活动的开展

通过与社区合作，公共图书馆能够积极参与和推动各类文化活动的开展。这种合作可以有效增强社区文化的活力，提升居民的文化素养。在这种模式下，图书馆不仅仅是知识的传播者，更是社区文化的参与者和推动者。

图书馆可以利用社区的节庆活动，参与其中，组织相关的阅读推广活动。这样的参与能够吸引更多的居民关注阅读，提高社区整体的文化氛围。通过结合社区的特色文化，图书馆可以开展主题阅读活动，使活动内容更加生动、有趣，进一步激发居民的阅读兴趣。同时社区的活动也为图书馆的宣传提供了良好的平台，使更多人了解图书馆的服务和资源。通过这种方式，公共图书馆与社区共同促进了文化的交流与传播。

图书馆还可以与社区艺术团体或志愿者组织合作，开展更丰富的文化项目，如戏剧表演、音乐会和创意工作坊等。这些活动不仅能丰富社区文化生活，还能鼓励居民积极参与，形成社区凝聚力和归属感。通过整合社区内外的资源，公共图书馆能够更好地服务于居民，为社区文化的繁荣贡献力量，从而实现共同发展的目标。

（三）增强社区居民的参与感与归属感

公共图书馆与社区的合作不仅在于活动的开展和资源的共享，还在于增强社区居民的参与感与归属感。通过共同参与阅读推广活动，居民能够感受到社区的温暖与文化的认同。图书馆作为社区的一部分，其活动可以有效拉近居民与图书馆的距离，使居民更加主动地参与到图书馆的活动中来。

通过开展社区志愿者服务，图书馆可以鼓励居民参与到阅读推广的实践中。无论是协助举办活动，还是参与图书的整理和推荐，居民的参与能够增强其对社区的认同感和责任感。同时图书馆也可以通过定期的读者座谈会，听取社区居民的意见和建议，从而在活动策划中更好地反映居民的需求。这种双向互动的关系，不仅提升了阅读推广的效果，还增强了公共图书馆在社区文化生活中的重要性。

图书馆与社区的合作为阅读推广活动提供了新的机遇和平台，通过资源的整合与共享，公共图书馆能够开展多样化的文化活动，满足居民的阅读需求；通过参与社区文化活动，图书馆能够增强社区的文化活力，提高居民的阅读兴趣；通过增强居民的参与感与归属感，图书馆能够加深与社区的联系，促进文化的交流与传播。

四、阅读推广中的跨行业合作模式

跨行业合作模式为公共图书馆的阅读推广带来了新的机遇，在全球化和数字化的背景下，单一行业难以满足日益多样化的阅读需求。通过与不同领域的组织合作，公共图书馆可以整合资源、分享经验，共同推动阅读文化的发展。这种合作不仅促进了资源的有效利用，还能够扩大阅读推广活动的影响力，实现更广泛的社会参与。探索跨行业合作的模式，将为公共图书馆在阅读推广中创造出更多的可能性，推动全民阅读的实现。

（一）与教育部门的协作

公共图书馆与教育部门的合作是跨行业合作模式中的重要组成部分，通过与学校、大学和教育机构的紧密联系，图书馆能够深入了解学生的阅读需求，设计出更符合教育目标的阅读推广活动。这种合作可以从多个层面展开，包括课程资源共享、图书馆作为教育资源中心的角色以及共同举办阅读活动等。

在学年开始时，公共图书馆可以与学校合作，提供特定课程所需的书籍和学习材料，帮助学生更好地完成学业。同时图书馆可以借助教育部门的渠道，宣传自身的阅读活动，吸引更多学生参与。通过这种合作关系，公共图书馆能够有效地将阅读融入教育体系，培养学生的阅读习惯和能力。合作举办的读书会、文学作品分享等活动，可以在课堂之外激发学生的阅读兴趣，增强其对知识的渴求。

（二）与文化艺术机构的合作

公共图书馆与文化艺术机构的合作同样能够推动阅读推广的创新与多样化。文化艺术机构如博物馆、艺术中心和剧院等，通常具备丰富的文化资源和专业知识，能够为图书馆提供支持与灵感。通过联合策划文化活动，图书馆可以为读者提供更为全面的文化体验，增强阅读的趣味性和吸引力。

图书馆可以与博物馆合作，围绕特定展览组织主题读书活动，鼓励读者在参观后参与讨论和分享。这种跨界合作能够为读者提供深度的文化体验，使阅读与其他艺术形式相结合，拓宽了阅读的视野。同时公共图书馆也可以邀请艺术家、作家和学者参与读书会、讲座等活动，为读者带来更具启发性的内容。这种合作方式不仅丰富了图书馆的活动形式，还能够提高文化艺术机构的公众参与度，实现互惠共赢。

（三）与社会服务机构的协同

公共图书馆与社会服务机构的协同合作能够促进阅读推广的公平性与可及性。通过与社会服务组织的合作，图书馆可以更好地服务于不同群体，尤其是边缘化和弱势群体。社会服务机构在社区中有着良好的联系和影响力，能够帮助图书馆接触到那些通常难以参与阅读活动的群体。

公共图书馆可以与儿童福利机构合作，提供专门为低收入家庭设计的阅读计划，帮助孩子们获取书籍并参与到阅读活动中。通过举办家庭阅读夜、亲子读书会等活动，图书馆可以增强家庭成员之间的互动，同时提升他们的阅读能力。与老年人服务机构的合作，能够为老年人提供适合其需求的阅读资源和活动，丰富他们的文化生活。通过这种跨行业的合作，公共图书馆能够更广泛地推广阅读，确保所有人都能平等地享受阅读的乐趣。

跨行业合作模式为公共图书馆的阅读推广带来了新的活力与机遇，通过与教育部门的协作，图书馆能够更好地融入教育体系，提升学生的阅读兴趣；与文化艺术机构的合作，丰富了活动内容，提升了阅读的趣味性；与社会服务机构的协同，确保了阅读推广的公平性和可及性。在未来的发展中，公共图书馆应继续探索和深化跨行业合作模式，为全民阅读的推广注入更多的资源和动力。

第四节　社会舆论与媒体对阅读推广的支持

一、媒体在全民阅读中的影响力

媒体在全民阅读推广中发挥着不可或缺的作用，其影响力通过信息传播、舆论引导和文化倡导等多方面体现出来。作为信息传播的主要渠道，媒体不仅能够及时传递与阅读相关的资讯，还能通过各种形式的报道和评论，提升公众对阅读的关注和参与度。在数字化时代，媒体的多样性和互动性使其在阅读推广中具备了更加广泛的影响力。了解媒体在全民阅读中的角色，将为公共图书馆的阅读推广策略提供有益的指导。

（一）信息传播与阅读资源的推荐

媒体在全民阅读推广中最直接的作用体现在信息传播与阅读资源的推荐，通过新闻报道、专题节目、访谈和书评等形式，媒体能够迅速传播有关阅读活动、图书馆服务及新书上市的信息。这样的信息传播不仅提升了公众对阅读的关注度，还为图书馆的各类活动吸引了更多参与者。

在这方面，书评和推荐节目尤其具有影响力。许多读者在选择阅读书籍时，会受到媒体推荐的启发。知名的书评栏目或文化节目会定期介绍新书或经典书籍，提供详细的书评和读者反馈，这种专业的推荐能够有效引导公众的阅读兴趣。同时媒体还可以通过与公共图书馆合作，推广特定主题的阅读活动，帮助图书馆提升活动的知名度和参与度。通过有效的信息传播，媒体成为了公共图书馆和读者之间的重要桥梁，促进了全民阅读的推广。

（二）舆论引导与阅读文化的倡导

媒体在全民阅读推广中的另一个重要作用是舆论引导与阅读文化的倡导，通过对阅读的重要性进行持续的宣传，媒体能够营造出浓厚的阅读氛围，激励公众积极参与。研究表明，媒体的舆论引导能够显著提高公众的阅读意识，形成良好的社会风气。

通过组织全国性的阅读活动、书香城市的评选，媒体能够推动各地积极开展阅读推广工作。同时媒体可以通过专题报道、访谈和社会活动等形式，鼓励公众分享自己的阅读体验和收获。这种广泛的讨论不仅能够促进阅读文化的传播，还能够激励更多人参与到阅读中来。媒体作为舆论的引导者，能够通过对阅读文化的倡导，提升社会整体的文化素养，推动全民阅读的深入发展。

（三）数字媒体与新兴平台的影响

数字媒体的发展为全民阅读推广带来了新的机遇，社交媒体、网络平台和博客等新兴媒介的兴起，使得信息传播更加快速和广泛。这些平台不仅为阅读推广提供了新的渠道，还为读者提供了更多参与的机会。

通过社交媒体，图书馆能够与读者建立更为直接的互动关系。图书馆可以利用社交平台发布活动信息、分享书评、进行线上读书讨论等，吸引读者的关注和参与。同时数字媒体的互动性使得读者能够即时反馈对书籍和活动的看法，这种反馈能够帮助图书馆及时调整和优化其服务。新兴媒体平台的普及，使得阅读推广的形式更加多样化和灵活化，满足了不同群体的阅读需求，推动了全民阅读的广泛参与。

媒体在全民阅读推广中发挥着重要的影响力，其作用不仅限于信息传播，还包括舆论引导与文化倡导。通过对阅读资源的推荐，媒体能够引导公众关注阅读，提高参与度；通过舆论引导，媒体能够营造良好的阅读氛围，促进阅读文化的传播；通过数字媒体与新兴平台，媒体为阅读推广提供了更多的可能性和参与机会。

二、新闻报道与阅读推广的结合

新闻报道在阅读推广中扮演着重要的角色，通过及时、准确的信息传播，媒体能够有效提升公众对阅读活动的关注度和参与度。公共图书馆和新闻媒体之间的合作，能够在全社会范围内推广阅读，营造良好的阅读氛围。这种结合不仅可以推动阅读活动的广泛开展，还能通过报道传播阅读的重要性，增强社会对阅读的重视。理解新闻报道与阅读推广的结合方式，将为公共图书馆在未来的推广工作中提供新的视角和思路。

（一）提升阅读活动的可见性

新闻报道的核心价值在于信息的传播与传播的广度，通过媒体对阅读活动的报道，公共图书馆能够显著提升这些活动的可见性，吸引更多人参与。图书馆可以联合地方媒体发布关于即将举行的读书节、作家签售会等活动的新闻稿，确保活动信息及时传达到潜在的参与者手中。这样的报道不仅提供了活动的时间、地点、内容，还能通过生动的文字描述激发读者的兴趣。

媒体的报道可以引导公众关注不同主题的阅读活动，在世界读书日等特殊节日，媒体可以结合地方图书馆的活动进行专题报道，推广阅读的同时也增强了地方文化的宣传。这种通过新闻报道提升阅读活动可见性的方式，能够让更多人意识到图书馆在文化传播中的重要作用，从而吸引更多读者参与到阅读活动中来。

（二）塑造阅读文化的社会氛围

新闻报道不仅能够推动个别活动的开展，还在于塑造整个社会的阅读文化氛围。通过对阅读的积极宣传和对阅读推广活动的持续关注，媒体能够在公众心中树立起阅读的重要性与必要性。持续报道阅读推广活动的成功案例、读者的积极反馈以及参与者的感人故事，能够在社会中传递出“阅读是一种生活方式”的理念。

通过与图书馆的合作，媒体可以定期进行阅读文化专题的报道，探讨阅读对个人成长、社会发展的重要意义。这种深入的报道不仅能够提高公众的阅读意识，还能促进家庭、学校与社会的共同参与，形成全民阅读的良好社会氛围。媒体也能够通过访谈、评论等形式，邀请作家、阅读专家分享他们的阅读经历与观点，进一步丰富阅读文化的内涵，提升公众对阅读的认同感。

（三）促进阅读资源的共享与利用

新闻报道还能够促进阅读资源的共享与利用，在公共图书馆与新闻媒体的合作中，图书馆可以借助媒体平台发布新书推荐、优秀书评和各类阅读资源的信息，让读者及时了解到最新的阅读资料。这种资源的共享，不仅能够帮助读者更好地选择书籍，还能够促进图书馆馆藏资源的使用率。

通过地方报纸、杂志或广播电台定期推荐图书馆的新书和热门书籍，能够引导读者关注和借阅这些资源。与此同时媒体在报道中可以介绍图书馆的各类服务，如电子书借阅、文化讲座等，让更多的公众了解到图书馆的服务内容，鼓励他们走进图书馆，参与阅读。这种资源的有效利用，不仅提升了图书馆的服务质量，还为读者创造了更丰富的阅读体验。

新闻报道与阅读推广的结合为公共图书馆的活动提供了重要的支持。通过提升阅读活动的可见性，塑造阅读文化的社会氛围，以及促进阅读资源的共享与利用，媒体能够在推动全民阅读的过程中发挥积极的作用。在未来的发展中，公共图书馆应继续探索与媒体的合作模式，增强阅读推广的影响力。这种结合不仅能够提高公众的阅读兴趣，还能在全社会营造出浓厚的阅读氛围，促进文化的传承与发展。通过这种协作，公共图书馆将在推动全民阅读的进程中发挥更为重要的作用。

三、社交媒体平台的阅读推广功能

社交媒体平台的兴起改变了信息传播的方式，为公共图书馆的阅读推广带来了新的机遇。通过这些平台，图书馆能够快速、广泛地与读者互动，提升阅读活动的可见性和参与度。社交媒体不仅能够用于宣传图书馆的各类活动，还能够作为一个交流平台，促进读者之间的互动和分享。这种互动性使得阅读推广的方式更加灵活多样，为公共图书馆在开展全民阅读工作中提供了更多的可能性。

（一）增强读者互动与参与感

社交媒体平台的一个重要功能是增强读者的互动与参与感，通过在平台上发布活动信息、书籍推荐、读者反馈和讨论话题，公共图书馆能够吸引读者的积极参与。图书馆可以在社交媒体上发起读书挑战，鼓励读者分享自己的阅读体验和感悟。通过设定特定的话题标签，读者可以方便地参与讨论，分享自己的书评和读书笔记，形成一个活跃的阅读社区。

这种互动不仅增加了读者与图书馆之间的联系，又提升了读者的参与感。当读者看到其他人分享的阅读体验时，更容易受到激励，进而参与到阅读活动中来。这种社交媒体带来的社区感与归属感，能够有效推动图书馆的阅读推广工作，形成一个良好的阅读氛围。

（二）扩大活动的传播范围

社交媒体平台还具备广泛的传播能力，能够帮助公共图书馆扩大活动的传播范围。在活动前期，图书馆可以通过社交媒体发布活动预告，吸引潜在参与者的关注。在活动进行期间，及时发布活动的进展和精彩瞬间，让未能参与的读者也能感受到活动的氛围，从而激发他们对未来活动的兴趣。通过分享活动的照片、视频以及参与者的反馈，社交媒体能够有效提升活动的可见性和吸引力。同时读者的分享也能产生“口碑效应”，吸引更多人参与图书馆的活动。这种自发的传播不仅提高了图书馆的知名度，还为阅读推广活动带来了更大的参与基础。

（三）数据分析与精准推广

社交媒体平台的另一个显著优势在于能够进行数据分析，帮助公共图书馆更好地理解读者的需求和偏好。通过分析社交媒体上的互动数据，图书馆能够获取关于读者兴趣、参与度和反馈的信息。这些数据为图书馆的活动策划提供了重要依据，帮助图书馆更精准地制定阅读推广策略。

通过分析哪些书籍或活动获得了更多的点赞、分享和评论，图书馆可以识别出受欢迎的主题和活动类型，从而在未来的活动中进行相应调整。同时图书馆还可以根据不同群体的兴趣，开展更具针对性的推广活动。对于年轻读者，可以组织更加现代化、互动性强的数字阅读活动，以满足他们的需求。这种数据驱动的精准推广方式，不仅提升了图书馆的服务质量，还增强了读者的满意度。

四、媒体与公共图书馆的协同推广

媒体与公共图书馆的协同推广在当今信息社会中日益显得重要，随着数字技术的发展，信息传播的速度和方式发生了显著变化。媒体作为信息传播的关键载体，能够为公共图书馆的阅读推广活动提供广泛的支持。通过与媒体的有效合作，公共图书馆能够更好地传播阅读文化、吸引公众参与，推动全民阅读的深入发展。这种协同不仅仅是对图书馆资源的有效利用，更是提升社会对阅读重视程度的重要途径。

（一）增强活动宣传的覆盖面

媒体与公共图书馆的协同推广最直接的作用在于增强阅读活动宣传的覆盖面。通过新闻报道、专题节目和社交媒体的广泛传播，图书馆的阅读活动能够迅速抵达更广泛的受众。许多图书馆在策划活动时，依赖媒体进行预热和宣传，以便在活动开始前吸引公众的关注。通过地方电视台或电台进行广播，能够让更多的读者了解到即将举行的阅读活动、讲座或书展，增加参与的积极性。

社交媒体平台的普及使得宣传方式更加多样化，图书馆可以利用这些平台发布活动信息，甚至与读者进行实时互动。利用图像、视频、直播等多种形式，能够有效地吸引年轻读者的注意力，提高活动的参与率。媒体的覆盖不仅提升了活动的可见性，还为图书馆的形象推广提供了良好的契机，使公众对图书馆的服务和功能有更深入的认识。

（二）推动阅读文化的传播与建设

媒体在推动阅读文化的传播与建设中也发挥着不可或缺的作用，通过对阅读的重要性进行持续的报道，媒体能够营造浓厚的阅读氛围，促进社会对阅读的重视。图书馆与媒体的协同可以产生更大影响力，尤其是在全民阅读的倡导和宣传方面。

通过联合举办各类文化活动，媒体可以将图书馆的资源与其传播能力相结合，举办诸如“书香校园”或“阅读马拉松”等大型活动。这类活动不仅能吸引更多人参与，还能通过媒体的广泛宣传，提升活动的知名度和影响力。媒体的报道可以包括读者的参与感受、专家的点评以及活动的精彩瞬间，这些内容的传播能够引发更多人对阅读的关注与热情，进一步推动阅读文化在社会中的深入渗透。

（三）建立持续合作的机制

为了实现媒体与公共图书馆的协同推广，建立持续合作的机制至关重要。通过形成长效的合作关系，图书馆与媒体可以共同策划、组织阅读活动，实现资源共享和优势互补。双方应定期召开沟通会议，讨论未来的合作计划，了解彼此的需求与发展方向，从而更有效地推动阅读推广。

公共图书馆可以向媒体提供关于新书出版、阅读活动和读者反馈的信息，以便媒体进行更准确的报道。同时媒体可以为图书馆提供关于公众阅读兴趣和参与度的反馈，帮助图书馆调整和优化其阅读推广策略。通过这种双向的合作，公共图书馆不仅能够提高自身的影响力，还能够为媒体提供丰富的内容素材，实现互利共赢的局面。

媒体与公共图书馆的协同推广为阅读推广活动提供了强有力的支持，通过增强活动宣传的覆盖面，推动阅读文化的传播与建设，以及建立持续合作的机制，公共图书馆能够更有效地吸引公众参与阅读活动。在未来的发展中，图书馆应继续探索与媒体的合作模式，深化双方的互动与交流，为全民阅读的推广注入更多活力。通过这种协同作用，公共图书馆将在提升社会文化素养、促进全民阅读方面发挥更为积极的作用，为建设文化强国贡献力量。

结　语

本书深入探讨了公共图书馆在全民阅读推广中的多重角色和战略方向，结合了国内外先进经验及当前的数字化趋势，明确了公共图书馆如何更好地服务于全民阅读的路径。在理论层面上，本书梳理了公共图书馆的历史演变、职能扩展及其在社会文化进步中的核心作用，揭示了全民阅读对社会发展的深远意义。基于全民阅读的概念和社会价值，进一步讨论了公共图书馆如何成为阅读推广的有效媒介，如何通过资源配置、创新服务、空间设计来提高阅读推广的吸引力和影响力。这一系列探讨不仅丰富了公共图书馆服务与全民阅读互动关系的理论框架，还为全民阅读的推广实践提供了深层次的学术支撑。

在实践层面，本书详尽分析了公共图书馆在阅读推广中的多种实践模式，涵盖了线上与线下活动的组织方式、互动性与参与度提升的策略、资源配置与优化，以及物理与数字化阅读环境的营造。尤其是在数字化阅读资源的整合上，研究指出了图书馆如何通过大数据分析、社交媒体互动、虚拟现实和增强现实等技术手段提升读者体验，以满足不同群体在信息化时代的阅读需求。同时探讨了公共图书馆工作人员和志愿者在推广过程中的角色定位，提出了针对人员专业素养提升和管理协调的建议，以确保推广工作的持续推进与创新。在图书馆空间设计方面，研究表明，通过对物理空间的合理规划和营造适宜的阅读氛围，公共图书馆能够有效提升读者的沉浸式体验，为全民阅读创造良好的硬件环境。

本书特别关注了公共图书馆在文化多样性与包容性服务方面的实践路径。考虑到不同社会群体的阅读需求差异，提出了图书馆如何在推广活动中兼顾多元文化需求，为弱势群体提供无障碍的阅读服务，并注重不同年龄段和性别群体的阅读需求。与此同时，本书深入探讨了城乡差异、社会经济背景对阅读推广的影响，并针对这些不同情况提出了因地制宜地推广策略。公共图书馆只有在服务体系中注重多样性与包容性，才能真正实现全民阅读的普惠性和公平性，进一步推动社会的文化融合与进步。

在数字化转型方面，本书强调了数字图书馆的建设和数字技术对阅读推广的深刻影响。随着互联网和电子书等数字阅读方式的普及，公共图书馆面临着前所未有的挑战与机遇。提出通过线上线下融合、移动终端应用、虚拟现实体验等创新路径，图书馆可以拓展阅读推广的新模式，实现多渠道、多平台的阅读推广效果。本书还深入分析了数字化带来的信息过载、数字鸿沟等问题，提出了在数字阅读推广中如何克服这些障碍的策略。图书馆作为信息平等的倡导者和推动者，必须主动应对数字化带来的挑战，通过科学的资源管理和有效的用户引导，实现公共图书馆在数字化背景下的转型升级，保障全民阅读的可持续发展。

本书还构建了阅读推广的评价机制与效果评估的框架，为公共图书馆在推广效果的量化分析、持续优化方面提供了指导。提出了一套涵盖社会效益、读者反馈、数据驱动分析的多维度指标体系，以系统评估阅读推广的社会影响力和读者满意度。基于数据的读者行为分析和阅读偏好研究不仅能够帮助图书馆精准定位读者需求，还为图书馆的推广活动提供了持续改进的依据。通过读者反馈机制与推广活动的动态调整，公共图书馆可以不断优化其推广策略和资源分配，从而更好地适应社会文化的变化需求，提升推广效果的可持续性和社会价值。

本书强调了公共图书馆阅读推广中政策支持和多方合作的必要性。国家和地方政策的支持、充足的资金资源保障以及社会力量的参与是公共图书馆实现全民阅读推广目标的重要支撑。提出了公共图书馆应如何与政府部门、学校、出版行业、社区组织等建立长期稳定的合作关系，通过跨行业协作来推动全民阅读。媒体特别是社交媒体在全民阅读中的重要作用，公共图书馆可以借助媒体的传播力和影响力，提升阅读推广活动的覆盖面和公众参与度，从而进一步增强图书馆在社会文化进步中的地位和影响力。

参考文献

［1］薛静. 县级图书馆全民阅读推广新思路［J］. 文化创新比较研究，2023，7（25）：122-126.

［2］黄兰钦. “双减”政策下公共图书馆全民阅读推广路径探析［J］. 文存阅刊，2023（22）：0166-0168.

［3］季鹏. 区级公共图书馆利用社会力量参与全民阅读推广研究［J］. 图书馆工作与研究，2022（S01）：148-150.

［4］Qingyu L，Jenny W，K. W. D C. School library reading support for students with dyslexia：a qualitative study in the digital age［J］. Library Hi Tech，2024，42（5）：1517-1541.

［5］Fanpu M，Yi S W，Hua F. Research on the health lighting scheme of university library reading room［J］. Heliyon，2024，10（19）：e38089-e38089.

［6］Kaur R. Reading Habits in School Libraries in the 21st Century：A Comprehensive Analysis Based on Indian School Education and National Education Policy 2020［J］. Journal of Educational Research and Policies，2024，6（4）：14-16.

［7］彭晶晶. 全民阅读时代公共图书馆阅读推广设计与实践分析［J］. 大科技，2023：181-183.

［8］徐益波，宣晓晏. 公共图书馆在“全民阅读”推广中的使命，挑战和对策——以宁波图书馆阅读推进工作为例［J］. 图书馆，2022（5）：60-66.

［9］冯会平. 全民阅读推广与公共图书馆数字化建设浅析［J］. 文存阅刊，2023（22）：0133-0135.

［10］Ye F. A Marketing Strategies for Reading Promotion Activities in Academic Libraries：A Case Study of the University of Shanghai for Science and Technology

[J]. Journal of Contemporary Educational Research, 2024, 8 (4): 16-22.

[11] Lin J . Practice and Thinking of Reading Promotion in Higher Vocational College Library [J]. International Journal of Mathematics and Systems Science, 2024, 7 (1): 22-28.

[12] 赵凯平. 全民阅读视角下公共图书馆阅读推广设计与实践 [J]. 采写编, 2024 (2): 163-165.

[13] 王伟, 黄苏芬. 全民阅读视角下公共图书馆阅读推广策略研究 [J]. 济南职业学院学报, 2022 (5): 117-120.

[14] 李茜. 社会力量参与公共图书馆全民阅读推广准入机制研究 [J]. 中文科技期刊数据库（全文版）图书情报, 2022 (6): 0106-0109.

[15] 李明瑞. 新媒体时代公共图书馆全民阅读推广策略探究 [J]. 城市情报, 2023 (14): 0100-0102.

[16] 徐靖涵. 公共图书馆全民阅读推广方式的创新思路探究 [J]. 花溪, 2023 (9): 0116-0118.

[17] 姚海珊. 公共图书馆全民阅读理念与推广方法 [J]. 文学教育（中）, 2022 (8): 85-87.

[18] 涂雯. 全民阅读推广与公共图书馆数字化建设浅析 [J]. 小说月刊（下半月）, 2023 (8): 0094-0096.

[19] Shifeng C . Based on The Transformation of Readers' Anxiety to Library Service in The Reading Promotion of University Smart Library [J]. Psychiatria Danubina, 2022, 34 (S1): 341-343.

[20] Zheng W , Zhao Z. On the integration path between reading promotion activities and traditional culture in the university library [J]. International Journal of Data Science, 2022, 7 (3): 270-291.

[21] 王龙. 全民阅读推广与公共图书馆数字化建设浅析 [J]. 大众文摘, 2023 (16): 0168-0170.

[22] 许可. 全民阅读推广与公共图书馆数字化建设浅析 [J]. 河南图书馆学刊, 2024, 44 (5): 28-29.

［23］王金龙. 浅谈公共图书馆全民阅读推广活动策略［J］. 文存阅刊，2023（18）：0106-0108.

［24］王嘉宁. 公共图书馆全民阅读推广服务策略分析［J］. 2023（11）：256-258.

［25］沈国亮. 现代社会公共图书馆全民阅读推广研究［J］. 文化月刊，2023（1）：104-106.

［26］段奇. 公共图书馆全民阅读推广模式探析［J］. 文存阅刊，2023（19）：0136-0138.

［27］荣贵飞. 公共图书馆推广全民阅读的服务模式研究［J］. 2023（23）：65-67.

［28］孟妍. 探究基于全民阅读机遇下的公共图书馆阅读推广策略［J］. 文存阅刊，2023（3）：0181-0183.

［29］段 旭. 全民阅读视角下公共图书馆少儿阅读推广服务优化路径［J］. 中文科技期刊数据库（全文版）图书情报，2022（10）：0163-0166.

［30］郜小丽. 基于全民阅读的公共图书馆阅读推广与实践方法研究［J］. 快乐阅读，2022（9）：42-44.

［31］Ai W，Wang J. Construction of a Reading Promotion Model for University Libraries Based on Student' User Needs［J］. International Journal of Mathematics and Systems Science，2024，7（1）：9-18.

［32］Liang Y，Wang J. Reading promotion mode of university libraries in the context of information development［J］. Applied Mathematics and Nonlinear Sciences，2024，9（1）：11-29.